Tun und Unterlassen

Rechtsphilosophische Schriften

Herausgegeben von Kurt Seelmann,
Stefan Smid, Ulrich Steinvorth

Band 16

PETER LANG
Frankfurt am Main · Berlin · Bern · Bruxelles · New York · Oxford · Wien

Felix H. Hoßfeld

Tun und Unterlassen
Zur normativen Unterscheidung auf der Grundlage
einer rechtebasierten Ethik

PETER LANG
Internationaler Verlag der Wissenschaften

Bibliografische Information der Deutschen Nationalbibliothek
Die Deutsche Nationalbibliothek verzeichnet diese Publikation in
der Deutschen Nationalbibliografie; detaillierte bibliografische
Daten sind im Internet über <http://www.d-nb.de> abrufbar.

Die vorliegende Arbeit wurde von
Prof. Dr. Steinvorth
zur Aufnahme in die Reihe empfohlen.

ISSN 0945-1838
ISBN 978-3-631-55630-6
© Peter Lang GmbH
Internationaler Verlag der Wissenschaften
Frankfurt am Main 2007
Alle Rechte vorbehalten.

Das Werk einschließlich aller seiner Teile ist urheberrechtlich
geschützt. Jede Verwertung außerhalb der engen Grenzen des
Urheberrechtsgesetzes ist ohne Zustimmung des Verlages
unzulässig und strafbar. Das gilt insbesondere für
Vervielfältigungen, Übersetzungen, Mikroverfilmungen und die
Einspeicherung und Verarbeitung in elektronischen Systemen.

www.peterlang.de

Inhaltsverzeichnis

1 Einleitung ... 7

2 Der Begriff der Unterlassung ... 11
  2.1 Die Handlungsbeschreibung ... 11
  2.2 Die Möglichkeitsbedingung ... 14
  2.3 Die Handlungsnorm ... 16
  2.4 Die Handlungsbeschreibung anhand der Handlungsnorm ... 28
  2.5 Die Möglichkeitsbedingung auf der Grundlage der Handlungsnorm ... 30

3 Unterlassungen – Warum sie gleich sind ... 36
  3.1 Zur zeitlichen Einordnung von Unterlassungen ... 36
  3.2 Verursachung und Verantwortung ... 38
    3.2.1 Die Äquivalenztheorie ... 41
    3.2.2 Die Adäquanztheorie ... 44
    3.2.3 Die Trennung von Verursachung und Verantwortung ... 50
    3.2.4 Die Normzwecktheorie ... 52

4 Unterlassungen – Warum sie anders sind ... 60
  4.1 Einige Vorbemerkungen zum Begriff des Rechts ... 60
    4.1.1 Foots Dilemmata: Die normative Unterscheidung auf der Grundlage von positiven und negativen Rechten ... 68
  4.2 Die moralische Zurechenbarkeit von Handlungsfolgen in einer rechte-basierten Ethik ... 70
    4.2.1 Die Rechtsgutverletzung ... 74
    4.2.2 Die Rechtsverletzung ... 76
    4.2.3 Die Vorsätzlichkeit ... 78
  4.3 Zur Unterscheidung von Tun und Unterlassen auf der Grundlage des Vorsatzes ... 89

4.4	Abwendung möglicher Kritik	99
4.5	Die Unterscheidung von Tun und Unterlassen in der ethischen Diskussion: aktive und passive Sterbehilfe	106
5	Fazit	115
6	Literaturverzeichnis	116

1 Einleitung

In einer Plakataktion warb die Hamburger Polizei vor einiger Zeit mit dem Slogan „Wer nichts tut, macht mit!" für mehr Zivilcourage bei der Verhinderung von Verbrechen. Auch wenn mehr Zivilcourage mit Sicherheit wünschenswert ist, so wirft die Formulierung dieses Slogans doch eine wichtige Frage auf: Ist es richtig, dass das Unterlassen moralisch gleichwertig ist mit der Beteiligung an der Straftat? Ist eine Unterlassung normativ gleichwertig mit einer folgengleichen Handlung?

Diese Frage ist nicht neu. Bereits Augustinus diskutiert sie, und sie gehört bis heute zu den meistgeführten rechtsphilosophischen Diskussionen unter Juristen. Für die Philosophie bekam die Frage eine neue Bedeutung durch die Popularität des Utilitarismus und anderer konsequentialistischer Theorien in der ersten Hälfte des 20. Jahrhunderts. Wenn nur die Konsequenzen einer Handlung ihren moralischen Wert bestimmen, wie kann dann der Handlungsmodus – das heißt, ob diese Folgen durch ein Tun oder Unterlassen herbeigeführt wurden – das moralische Urteil beeinflussen? Viele radikalere Utilitaristen – wie beispielsweise der australische Philosoph Peter Singer – fordern daher bis heute, diese Unterscheidung vollständig fallen zu lassen. Andere utilitaristische Theorien, wie etwa die des deutschen Philosophen Dieter Birnbacher, versuchen die Unterscheidung beizubehalten, indem sie deren Relevanz zwar im Einzelfall ablehnen, aber die Notwendigkeit der Unterscheidung auf sozial-struktureller Ebene akzeptieren. Dennoch können diese beiden Lösungsansätze nicht überzeugen. Im Gegenteil: Die Unterscheidung zwischen Tun und Unterlassen ist zu einem der Standardbeispiele geworden, die Kritiker zur Widerlegung utilitaristischer Theorien anführen.[1]

Dennoch haben die Kritiker es bis heute versäumt, eine überzeugende Alternative auszuarbeiten, die den normativen Unterschied zwischen Tun und Unterlassen überzeugend begründen kann, ohne sich dabei bloß auf unsere moralische Intuition oder das positive Recht zu stützen. Es fehlt ein Ansatz,

---

[1] Eines der bekanntesten Beispiele dürfte der „Fall Jim" von Bernard Williams sein, in dem zwanzig Unschuldige hingerichtet werden sollen, es sei denn, Jim erklärt sich bereit, einen dieser Menschen selbst zu töten. Jim steht also vor dem Problem, entweder 20 Menschen sterben zu lassen oder durch eine Handlung einen von ihnen selbst zu töten. Der Utilitarismus empfiehlt hier kontraintuitiv die Tötung des einen Menschen. (Vgl. Bernard Williams, „A critique of utilitarianism", *Utilitarianism – for and against*, J. J. C. Smart und Bernard Williams (London und New York, 1973), 98 – 99.

der das Faktum der unterschiedlichen Bewertung nicht bloß postuliert, sondern aus den Prinzipien einer Moraltheorie – wie dem Utilitarismus oder dem Kantianismus – herleitet. Eine solche Theorie soll diese Arbeit liefern. Sie stützt sich dabei auf eine rechte-basierte Ethik, wie sie vor allem von zeitgenössischen amerikanischen Philosophen wie Nozick, Thomson oder Dworkin vertreten wird.[2]

Die Bezugnahme auf eine rechte-basierten Ethik zur Rechtfertigung des normativen Unterschieds von Tun und Unterlassen hat sowohl Vorteile als auch Nachteile. Als wichtigster Vorteil ist der universale Konsens bezüglich individueller Rechte außerhalb der Philosophie zu nennen. Seit dem zweiten Weltkrieg hat das Konzept der persönlichen Rechte – ob in der Form von politischen, sozialen oder Menschenrechten – einen weltweiten Siegeszug angetreten. Es gibt kaum eine ernst zu nehmende Institution außerhalb der Philosophie, die das Konzept individueller Rechte in Frage stellt. Meinungsverschiedenheiten bestehen nicht darüber, ob es Individualrechte gibt, sondern welche es gibt und wie sie zu begründen sind. Wenn es daher gelänge, den normativen Unterschied von Tun und Unterlassen innerhalb eines minimalistischen Rechtssystems zu rechtfertigen, dann hätte diese Theorie eine Chance, über den Bereich der praktischen Philosophie hinaus Beachtung zu finden und auch bei der Beantwortung normativer Fragen in anderen Bereichen – wie etwa im Rahmen des Strafrechts oder der Medizin – zu helfen.

Doch hier liegt auch der Nachteil oder zumindest die Schwierigkeit einer rechte-basierten Ethik: Wenn eine ethische Theorie sich auf die Existenz von Individualrechten beruft, um so eine universelle Geltung zu beanspruchen, dann darf sie sich nicht auf einen spezifisch philosophischen Rechtsbegriff berufen, sondern muss den allgemein üblichen Sprachgebrauch übernehmen. In unserer Gesellschaft haben insbesondere Juristen die Bedeutung und den Umfang von Individualrechten geprägt, und so kommt man als Philosoph nicht darum herum, im Rahmen einer rechte-basierten Ethik den *status quo* in der Rechtslehre zu überprüfen. Daher wird sich ein großer Teil dieser Arbeit mit der Untersuchung der Regelungen im deutschen Strafrecht beschäftigen.

---

[2] Ronald Dworkin, *Taking Rights Seriously* (Cambridge, MA: Harvard University Press, 1978), Robert Nozick, *State Anarchy and Utopia* (Oxford: Basil Blackwell, 1988), Judith Jarvis Thomson, *Rights, Restitution and Risks* (Cambridge, MA: Harvard University Press, 1986).

Eine solche interdisziplinäre Untersuchung kann aber sowohl für die Philosophie als auch für die Rechtslehre gewinnbringend sein: Die Juristen profitieren von einer unvoreingenommenen und kritischen Durchleuchtung der Rechtspraxis. Aus der Perspektive der Philosophie sind Inkonsistenzen und Rechtfertigungsmängel deutlicher zu erkennen als für einen Juristen aus seiner Beschäftigung mit dem positiven Recht. Die Philosophen andererseits können von der äußerst ausgefeilten juristischen Terminologie profitieren, die über Jahrhunderte immer weiter entwickelt und an die Gegebenheiten konkreter Fälle angepasst wurde.

Um eine Rechtfertigung des normativen Unterschieds von Tun und Unterlassen zu entwickeln, die auch für Juristen akzeptabel ist, empfiehlt es sich, die Diskussion noch einmal neu zu beginnen. Der erste Teil dieser Arbeit bietet daher eine konzeptuelle Analyse des Begriffs „Unterlassen". Dabei wird sich zeigen, dass die rein äußere Beschreibung des Unterlassens als die Nicht-Ausführung einer möglichen Handlung nicht ausreicht, sondern dass ein normatives Element hinzutreten muss – die Unterlassung muss einen Verstoß gegen ein Handlungsgebot darstellen.

Der zweite Teil dieser Arbeit wird zeigen, dass Unterlassungen sich in normativer Hinsicht keineswegs kategorial von aktivem Tun unterscheiden, wie man im ersten Augenblick annehmen könnte. Insbesondere die Frage, wie man trotz fehlender Kausalwirkung für die „Folgen" einer Unterlassung verantwortlich sein kann, wird ausführlich diskutiert werden. So sollen insbesondere die juristischen Lösungsansätze auf ihre Plausibilität hin geprüft werden. Dabei wird sich zeigen, dass die unter Juristen herrschende Meinung aus philosophischer Sicht nicht haltbar ist, aber die von einer Minderheit der Juristen vertretene Normzwecklehre die Probleme der Verantwortungszuschreibung lösen kann.

Der dritte Teil enthält schließlich den eigentlichen Hauptteil der Arbeit: Dort wird der normative Unterschied zwischen Tun und Unterlassen entwickelt. Das Kriterium der unterschiedlichen Bewertung von Tun und Unterlassen ist keineswegs den Handlungen immanent, sondern resultiert aus dem allgemein geringeren Grad der „Vorsätzlichkeit"[3] von Unterlassungen: Die Folgen von Unterlassungen sind im Allgemeinen in einem geringeren Maße beabsichtigt als die einer aktiven Handlung. Diese Erkenntnisse werden schließlich auf das Problem der Sterbehilfe angewandt, um zu prüfen,

---

[3] Der Begriff der „Vorsätzlichkeit" wird in Abschnitt 4.2 entwickelt.

inweit die entwickelte Theorie für die Lösung praktischer ethischer Probleme hilfreich sein kann.

Diese Arbeit bietet keinen Überblick über den Forschungsstand. Zum einen würde dies dem Gedanken widersprechen, mittels einer konzeptuellen Analyse bei Null anzufangen, zum anderen würde ein auch nur ansatzweise vollständiger Überblick über die Forschungsliteratur diese schon sehr lange Arbeit noch weiter verlängern, so dass er den Rahmen einer Magisterarbeit endgültig sprengen würde. Einen sehr guten Überblick über den Forschungsstand bietet Dieter Birnbachers Buch *Tun und Unterlassen*[4]. Dieses Buch lag auch einem Seminar bei Dr. Reinold Schmücker im Wintersemester 2000/2001 zu Grunde, in dessen Rahmen ich die Idee zu der hier dargelegten These hatte. Aus diesem Grunde wird auch an vielen Stellen auf Birnbacher Bezug genommen, obwohl seine Rechtfertigung der Unterscheidung von Tun und Unterlassen, die er der auf sozio-struktureller Ebene ansiedelt, hier nicht diskutiert werden soll.

---

[4] Dieter Birnbacher, *Tun und Unterlassen* (Stuttgart: Reclam, 1995).

2 Der Begriff der Unterlassung

2.1 Die Handlungsbeschreibung

Der erste Schritt zu einer Rechtfertigung der normativen Unterscheidung zwischen Tun und Unterlassen ist die Klärung der zentralen Begriffe der Diskussion – „Tun" und „Unterlassen". Was ein Tun – also eine aktive Handlung – ist, ist aus dem allgemeinen Sprachgebrauch bekannt und dürfte unter philosophischen Laien weitgehend unstrittig sein. Zwar gibt es verschiedene philosophische Ansätze, den ethischen Handlungsbegriff über das bloße Alltagsverständnis hinaus zu erforschen[5], doch scheinen mir diese Ergebnisse im Zusammenhang mit der hier geführten Diskussion mehr verwirrend als hilfreich. Daher beschränkt sich hier die Diskussion des Tuns auf diesen bloßen Appell an das Alltagsverständnis des Lesers.[6]

Weitaus schwieriger ist es, den Begriff des „Unterlassens" zu definieren. Die Anhaltspunkte aus unserem Sprachgebrauch sind hier weitaus vielschichtiger und widersprüchlicher als im Falle des „Tuns". Auf Grund der Vielfalt unserer Wendungen ist es auf der sprachlichen Ebene möglich, eine Unterlassung auch aktiv als Handlung zu beschreiben und umgekehrt (Schweigen ist zum Beispiel die Unterlassung des Redens). Nimmt man bei diesem Vergleich andere Sprachen hinzu, so wird man zusätzlich feststellen, dass Wendungen, die in der einen Sprache auf eine Unterlassung schließen lassen, in der anderen als eine aktive Handlung beschrieben werden (z.B. ‚jemanden verhungern lassen'– ‚to starve somebody'). Wenn sich die Unterscheidung von Tun und Unterlassen und ihre unterschiedlichen normativen Bewertungen auf sprachliche Kategorien verließen, so würde

---

[5] Vgl. Judith J. Thomson, *Acts and other Events* (Ithaca, NY u. London: Cornell University Press, 1977), George Wright, *Logic of Acts* (London: Routledge & Kegan Paul, 1963).
Wright unterscheidet zwischen *act* und *action*. *Action* ist der Oberbegriff zu *act* und *forbearance*, die lediglich zwei verschiedene Modi der *Action* (*"modes of action"*) darstellen. Diese Terminologie wird in dieser Arbeit analog ins Deutsche übertragen: Der Oberbegriff Handlung umfasst sowohl das Tun (bzw. das aktive Handeln) als auch das Unterlassen. (Vgl. George Wright, *Norm and Action*, 48.)

[6] Da sowohl Tun als auch Unterlassen willkürlich gewählte Verhaltensweisen eines Akteurs darstellen, sollen sie in der hier vorliegenden Arbeit unter dem Oberbegriff Handlung zusammengefasst werden. Aus rein stilistischen Gründen wird ein Tun an einigen Stellen auch als „aktive Handlung" bezeichnet.

das normative Urteil von der Wortwahl und der Muttersprache des Urteilenden abhängen.[7]

Dies ist besonders fatal, weil durch die Wortwahl bei der Beschreibung einer Handlung deren normative Wertung oft präjudiziert werden soll. So soll die Beschreibung der passiven Euthanasie – ein „bloßes" Abschalten von lebenserhaltenden Systemen – als ein Unterlassen der weiteren Behandlung das Verhalten des Arztes rechtfertigen oder zumindest entschuldbar machen. Die Gegner der passiven Euthanasie werden das Abschalten als eine Tötungshandlung – also als ein Tun – beschreiben, um so auf die Verwerflichkeit dieses Aktes hinzuweisen.

Aus diesen Gründen ist es sinnvoll, die Definition einer Unterlassung nicht auf der sprachlichen Ebene anzusiedeln, sondern nach handlungsimmanenten Kriterien zu suchen, die als Grundlage einer Unterscheidung zwischen einem Tun und einem Unterlassen dienen können.

Eine der wenigen Tatsachen, die unstrittig sind, ist, dass im Falle einer Unterlassung der Akteur eine Handlung nicht ausführt. Daher lässt sich die erste Bedingung für das Vorliegen einer Unterlassung recht einfach beschreiben: Es ist nicht der Fall, dass der Akteur A die Handlung h ausführt.[8]

Die Formulierung dieser Bedingung erscheint fast banal, dennoch folgen aus ihr zwei wichtige Erkenntnisse über den Charakter von Unterlassungen. Zum einen deutet die Formulierung an, dass der Akteur eine *ganz bestimmte* Handlung – nämlich h – unterlassen hat. Das heißt, der Vorwurf, der Akteur A habe eine Unterlassung begangen, impliziert, dass es eine Handlung h gegeben hat, die A nicht ausgeführt hat. Die bloße Beschreibung „A hat das in den Teich gefallene Kind sterben lassen" ist daher keine vollständige Beschreibung einer Unterlassung. Vielmehr muss die nicht ausgeführte Handlung klar erkennbar sein, wie zum Beispiel

---

[7] Vgl. Dieter Birnbacher, *Tun und Unterlassen* (Stuttgart: Reclam, 1995), 28.

[8] Die Darstellung der formalen Bedingungen für die Beschreibung einer Unterlassung lehnen sich an Birnbacher an (Dieter Birnbacher, *Tun und Unterlassen*, 32ff.). Wie Abschnitt 2.4 und 2.5 zeigen, werden aber einige formale Probleme anders gelöst.

„A hat es unterlassen, dem ertrinkenden Kind im Teich einen Rettungsring zuzuwerfen." Diese Erkenntnis zwingt also jeden, der einem anderen eine Unterlassung vorwirft, genau zu formulieren, was es war, das nicht getan wurde.

Die zweite Erkenntnis, die aus dem obigen Definitionsansatz folgt, schränkt in gewisser Weise die erste ein. Es ist nämlich immer noch möglich, dass es verschiedene konstitutive Handlungen gibt, durch die der Akteur A die Handlung h hätte ausführen können. Wenn A es unterlassen hat, das im Teich ertrinkende Kind zu retten, dann hat A ihm keinen Rettungsring zugeworfen *und* ist nicht zu ihm hin geschwommen *und* hat nicht die Feuerwehr gerufen. A hat also keine der möglichen Handlungen ausgeführt, die unter die Beschreibung „A hat das Kind gerettet" fallen.

Dabei ist zu beachten, dass jede dieser nicht ausgeführten Handlungen für sich genommen folgenlos geblieben wäre, wenn zumindest eine andere der zur Rettung des Kindes geeigneten Handlungen ausgeführt worden wäre. (Es wäre folgenlos geblieben, wenn A dem Kind nicht den Rettungsring zugeworfen hätte *und* nicht zu ihm hin geschwommen wäre, *aber* die Feuerwehr gerufen hätte, die das Kind dann gerettet hätte.) Erst die Summe dieser nicht ausgeführten Handlungen hatte den Tod des Kindes zur Folge und ist daher konstitutiv für die Unterlassung.

Dieses ist besonders in solchen Fällen problematisch, in denen sich diese konstitutive Summe der Handlungen über eine Gruppe verteilt, also das Verhalten einer Vielzahl von Personen den Eintritt der Folge ermöglicht. So kann das Ertrinken des Kindes dadurch zu Stande kommen, dass keiner aus der Passantengruppe G – also weder A noch B noch C – die Feuerwehr ruft. Auch hier hat erst die Summe der Unterlassungen den Tod des Kindes zur Folge, aber die Summe der Handlungen lässt sich keiner der Einzelpersonen zuordnen, und daher sind auch die Folgen keiner Person allein anzulasten.

Es wird aber anhand dieser Beispiele deutlich, dass die Beschreibung einer Unterlassung zwischen zwei Extremen hin- und herschwankt: Im einen Extrem werden dem Akteur lediglich beliebige Unterlassungsfolgen angelastet, ohne dabei eine Möglichkeit der Verhinderung dieser Folgen durch den Akteur aufzuzeigen oder überhaupt die Existenz einer solchen Möglichkeit zu überprüfen. Im anderen Extremfall wird dem Akteur eine Vielzahl von Unterlassungen vorgeworfen, von denen aber keine für sich genommen den Schaden zur Folge hatte – auch wenn jede dieser möglichen Handlungen ihn hätte verhindern können. Es ist also notwendig, die einzelnen folgenlosen Nicht-Ausführungen von Basishandlungen unter einen gemeinsamen Handlungsbegriff zu subsumieren, der sich aber dabei nicht bloß auf das Vorhandensein bestimmter Folgen stützen darf. Um dieses Problem adäquat zu lösen, ist aber noch einige Vorarbeit nötig, so dass eine Antwort erst in Abschnitt 2.4 gegeben werden kann.

2.2 Die Möglichkeitsbedingung

Die bloße Nicht-Ausführung ist zwar eine notwendige, aber noch keine hinreichende Bedingung für das Vorliegen einer Unterlassung. So wird man etwa einem Entführten, der auf Grund der Tatsache, dass er während der gesamten Zeit seiner Entführung gefesselt war und seinen Kidnappern keinen Widerstand geleistet hat, nicht vorwerfen können, er habe es „unterlassen", sich gegen die Entführung zu wehren. Es muss also mindestens eine weitere notwendige Bedingung erfüllt sein, damit eine nicht ausgeführte Handlung als Unterlassung gewertet werden kann. Am obigen Beispiel lässt sich auch leicht erkennen, welche Bedingung erfüllt sein muss: Der Gekidnappte muss die Gelegenheit gehabt haben, sich gegen seine Kidnapper zur Wehr zu setzen. Nur wenn eine solche Möglichkeit besteht bzw. bestanden hat, kann die Nicht-Ausführung als ein Unterlassen gewertet werden. Die hinzukommende Bedingung ist daher die Möglichkeitsbedingung: Der Akteur A hat die Möglichkeit, die Handlung h auszuführen.

Die eigentliche Problematik der Möglichkeitsbedingung liegt jedoch in der Explikation dieser Bedingung. Zwar meinen wir, intuitiv genau zu wissen, was es heißt, dass wir etwas tun könn(t)en, obwohl wir uns tatsächlich dagegen entscheiden, so dass es auf den ersten Blick sophistisch erscheinen mag, diese Frage weiter zu untersuchen. Doch dieses intuitive Verständnis reicht bestenfalls für unsere Alltagserfahrungen; aus der Sicht der praktischen Philosophie bleibt unklar, was es heißen soll, dass ein Akteur die Möglichkeit hatte zu handeln, ohne es getan zu haben. Der Begriff der Unmöglichkeit ist aus diesem Grund näher zu bestimmen.

Aus philosophischer Sicht kommen drei Unterscheidungskriterien in Frage, um die möglichen von den unmöglichen Handlungen zu trennen. In einem ersten Schritt könnte man solche Fälle ausschließen, in denen die Befolgung der Norm logisch unmöglich ist. Es kann unmöglich geboten sein, einen Ausritt auf einem schwarzen Schimmel zu unternehmen oder auf einer Dinner-Party in Begleitung eines verheirateten Junggesellen zu erscheinen. Doch dürften normative Forderungen, deren Erfüllung logisch unmöglich ist, sehr selten sein, weil offenkundig sinnlos erscheinen. Das obige Beispiel des Entführten verdeutlicht ebenfalls, dass die Forderung der logischen Möglichkeit der Handlung nicht gemeint sein kann: Die Tatsache, dass eine Person gefesselt ist, macht es ihr nicht logisch unmöglich, sich gegen ihre Angreifer zur Wehr zu setzen.

Ein zweites mögliches Unterscheidungskriterium wäre die naturgesetzliche Unmöglichkeit. Es lässt sich mit Sicherheit eine große Zahl von Handlungen finden, die nicht vollbracht werden können, weil sie Naturgesetzen widersprechen – obwohl ihre Ausführung vielfach sogar von uns gewünscht wird. Die zahlreichen Geschichten und Mythen über Wunderheilungen sind Beispiele für den Wunsch, dass Menschen das naturgesetzlich Unmögliche vollbringen können. Es wäre schön, wenn Menschen einander durch Handauflegen von allen Krankheiten heilen könnten, aber so, wie unsere Welt beschaffen ist, ist dies unmöglich.

Es ist klar, dass die Möglichkeitsbedingung der Unterlassung nicht als naturgesetzlich gegebene Möglichkeit aufgefasst werden darf. Wenn beispielsweise ein schlechter Schwimmer einen Ertrinkenden nicht rettet, so ist man geneigt, zu sagen, dass es ihm nicht möglich war, die ertrinkende Person zu retten. Dies ist aber sicher keine Unmöglichkeit, die aus Naturgesetzen folgt. Es sind nicht die Naturgesetze, die den schlechten Schwimmer an der Rettung hindern, sondern nur die kontingente Tatsache, dass er nie einen Schwimmkurs besucht hat. Wenn die Möglichkeitsbedingung weder die logische noch die naturgesetzliche Unmöglichkeit meint, dann muss die Grenze zwischen dem Möglichen und Unmöglichen offensichtlich anders gezogen werden.

Als eine dritte Möglichkeit bietet es sich an zu prüfen, ob eine Handlung faktisch möglich ist, das heißt, ob sie unter den konkreten Umständen ausgeführt werden kann. Das eigentliche Problem bei diesem dritten Kandidaten liegt aber darin, die Möglichkeitsbedingungen zu explizieren. Dieter Birnbacher vertritt in seinem Buch *Tun und Unterlassen*[9] etwa die Meinung, dass neben einer situationsbedingten Gelegenheit zum Handeln der Akteur physisch in der Lage sein muss, die Handlung auszuführen, und Situation und Handlungsmöglichkeit auch erkennbar sind.[10] Dieser Ansatz ist

---

[9] Dieter Birnbacher, *Tun und Unterlassen* (Stuttgart: Reclam, 1995).

[10] Dieter Birnbacher, *Tun und Unterlassen*, 36 -38. Über diese äußeren Bedingungen hinaus stellt Birnbacher noch Forderungen über die innere Verfassung des Akteurs auf, die erfüllt sein müssen, um korrekterweise von einem Unterlassen sprechen zu müssen. Diese psychischen Bedingungen scheinen mir aber gänzlich unplausibel, denn ob eine Person eine Sache unterlassen hat, scheint mir unabhängig von der Frage zu sein, ob sie

aber weitaus weniger attraktiv, als er auf den ersten Blick erscheint, denn er führt notwendigerweise in einen infiniten Regress. Beispielsweise bedeutet die Forderung, dass der Akteur physisch „in der Lage" sein muss zu handeln, nichts anderes, als dass die Handlung ihm physisch *möglich* sein muss. Dass sie für ihn erkennbar ist, bedeutet nur, dass er die *Möglichkeit* hat, sie zu erkennen usw. Das Problem wird also nur verschoben, nicht aber gelöst.

Zudem scheint auch die Forderung der faktischen Möglichkeit zu weitreichend. Es gibt zwar Fälle wie den des gefesselten Entführungsopfers, in denen die Durchführung der gebotenen Handlung faktisch unmöglich ist. Auf der anderen Seite gibt es eine große Zahl von Fällen, in denen man zwar davon ausgehen muss, dass die Handlung faktisch möglich war, aber man dennoch wenig geneigt ist, davon zu sprechen, dass der Akteur sie hätte durchführen können. Wenn Familienangehörige es etwa unterlassen, ihrem nahen Verwandten, der bei Dunkelheit in einen reißenden Fluss gefallen ist, hinterherzuspringen, kann man nicht sagen, dass die Rettung ihnen faktisch unmöglich war. Angesichts der Gefahr für Leib und Leben, die mit der Rettung verbunden ist, wird man jedoch aus moralischer Sicht zu dem Ergebnis kommen, dass ihnen die Rettung nicht möglich war.

Auch wenn also die Forderung nach faktischer Möglichkeit der Handlung dem moralischen Alltagsverständnis näher kommt als die anderen beiden Bedingungen, bildet auch sie das Alltagsverständnis nicht vollständig ab. Um die Möglichkeitsbedingung näher zu explizieren und ihr einen Sinn zu geben, der sich auch weitgehend mit unserem Alltagsverständnis deckt, ist also ein anderer Weg zu wählen. Um diesen allerdings darstellen zu können, muss zunächst eine weitere Bedingung eingeführt werden: Die Unterlassung muss einen Verstoß gegen eine Handlungsnorm darstellen.

2.3 Die Handlungsnorm

Die beiden bisherigen Bedingungen für das Vorliegen einer Unterlassung sind nicht neu. So gehen auch Birnbacher und Wright[11] davon aus, dass für das Vorliegen einer Unterlassung sowohl eine Situation, die einen Anlass

---

bemerkt hat, dass sie etwas unterlassen hat. Die Frage, ob die Person sich ihres Verhaltens und der resultierenden Folgen bewusst war, spielt allerdings bei der Feststellung der persönlichen Schuld eine große Rolle. (Vgl. Abschnitt 4.2)

[11] Vgl. Dieter Birnbacher, *Tun und Unterlassen*, 32. George Wright, *Norm and Action*, 45.

zur Handlung gibt, als auch eine Möglichkeit zum Handeln gegeben sein müssen, aber diese mögliche Handlung ausgeblieben ist. Dennoch bleiben die Kriterien zur Definition der Unterlassung unbefriedigend. Abgesehen von den ungelösten Problemen, wie die Handlungsbeschreibung und die Möglichkeit zu handeln näher zu spezifizieren sind, scheint der Umfang der Definition auch zu weitreichend: Nahezu ständig befinden wir uns in Situationen, in denen sowohl Anlass als auch Möglichkeit zu einer Handlung gegeben sind, aber wir diese Handlung nicht ausführen. Wenn wir die Definition, so wie sie bis jetzt vorliegt, anwenden, dann wäre die Zahl der Unterlassungen, die wir zeitgleich zu unseren Handlungen ausführen, unendlich groß. Wenn A auf dem Weg zur Arbeit auf der rechten Straßenseite geht, hat er es dann unterlassen, die linke Seite zu benutzen? Oder hat er es unterlassen, die Parallelstrasse zu benutzen? Oder einen Umweg zu wählen? Doch zusätzlich zu diesen moralisch indifferenten Alternativhandlungen hätte A auch noch eine große Zahl von moralisch relevanten Handlungen ausführen können. Er hätte die falsch geparkten Autos zerkratzen, den freundlich grüßenden B verprügeln und einem Obdachlosen durch eine Spende helfen können. Hat A alle diese Dinge unterlassen?

Den Begriff einer Unterlassung so unbestimmt zu fassen, ist kontraintuitiv. Man kann zwar nicht davon sprechen, dass in diesen Fällen ein falscher Gebrauch des Begriffs „unterlassen" vorliegt, aber dennoch scheint dieser nicht dem normalen Gebrauch des Wortes zu entsprechen. Wer von sich behauptet, er habe es heute unterlassen, den freundlich grüßenden B zu schlagen, wird zumindest einige Verwirrung unter seinen Zuhörern auslösen.

Es scheint offensichtlich, dass zu den bisher genannten Bedingungen mindestens eine weitere hinzukommen muss, um den Umfang des Begriffs so weit einzuschränken, dass er unserem intuitiven Verständnis möglichst nahe kommt. Dieses weitere Kriterium lässt sich durch eine Orientierung an der Rechtspraxis finden, wie beispielsweise bei dem Strafrechtler Michael Köhler:

> Das Unterlassungsdelikt umgreift ein Verletzungsgeschehen, das ein Subjekt durch gebotswidriges Unterlassen bestimmter Vermeidetätigkeiten verwirklicht, sei es entgegen einer strafrechtlichen Tätigkeitspflicht (allgemeines Unterlassungsdelikt), sei es

einer besonderen (Garanten-) Pflicht zuwider (Sonderpflicht- oder Garantenunterlassungsdelikt.)[12]

Diese Definition ist für den Laien nicht einfach zu verstehen, denn sie verwendet einige in theoretischer Hinsicht problematische Begriffe (beispielsweise „Vermeidetätigkeit"). Zudem ist sie auch noch zirkulär: Die Aussage, dass „das Unterlassungsdelikt [...] durch gebotswidriges Unterlassen verwirklicht wird", ist trägt zum Verständnis des Begriffs der Unterlassung nicht bei. Köhlers Definition macht aber deutlich, dass das Unterlassungsdelikt – also die juristisch relevanten Unterlassungen – nur solche Unterlassungen umfasst, die „gebotswidrig" sind, weil sie einer „allgemeinen strafrechtlichen Tätigkeitspflicht" oder einer „Garantenpflicht" zuwider sind.

Damit tritt in der Definition der Unterlassung ein neuer Gedanke hinzu: Unterlassen ist nicht bloß das Nicht-Ausführen einer möglichen Handlung, sondern die Unterlassung ist der Verstoß gegen ein Handlungsgebot. Die Unterlassung unterscheidet sich also vom bloßen „Nicht-Tun"; sie setzt die Existenz einer Handlungsnorm voraus:

Nichttätigkeit bedeutet rechtlich zunächst nichts. Das Unterlassen einer freien Tätigkeit identifiziert sich überhaupt erst durch eine vorausgesetzte, normativ begriffene Handlungserwartung, sei es pragmatischer, sei es ethischer oder rechtlicher Art – eine Gebotsnorm.[13]

In der Rechtslehre ist die Voraussetzung einer Handlungsnorm also eine Selbstverständlichkeit. Diese Voraussetzung schränkt den Begriff „Unterlassung" auf ein Maß ein, das auch unserem Alltagsverständnis entspricht. Wenn A den freundlich grüßenden B nicht geschlagen hat, dann ist A zwar nicht tätig geworden, aber es handelt sich nicht um eine Unterlassung seitens des A, da es für A kein Gebot oder keine Erwartung gab, B zu schlagen. Zwar ist nicht auszuschließen, dass es Fälle geben kann, in denen man intuitiv dazu neigt, von einer Unterlassung zu sprechen, auch wenn es keine Handlungsnorm gibt, die die Handlung geboten hätte. Dennoch kommt insgesamt die Voraussetzung einer Norm dem intuitiven Verständnis von Unterlassen näher, so dass nichts dagegen spricht, auch für die Moralphilo-

---

[12] Michael Köhler, *Strafrecht - Allgemeiner Teil* (Berlin, Heidelberg u. a.: Springer, 1997) 206.

[13] ibid, 206.

sophie diesen Gedanken aus dem positiven Recht zu übernehmen. Eine Unterlassung ist daher die Nicht-Ausführung einer möglichen und gebotenen Handlung. Unterlassungen sind also Verstöße gegen Gebotsnormen. Die Unterlassung ist also eine Unterkategorie des bloßen Nicht-Tuns. Während das Nicht-Tun alle möglichen Handlungen umfasst, die nicht ausgeführt wurden, setzen Unterlassungen den Verstoß gegen ein Handlungsgebot durch das Unterbleiben der Handlung voraus. Damit ist gleichzeitig ein Kriterium zur Unterscheidung von Tun und Unterlassen gefunden: Unterlassungen sind Verstöße gegen ein Handlungsgebot, das ethisch relevante Tun ist ein Verstoß gegen ein Handlungsverbot.[14]

Unterlassungen sind also, so wie sie hier verstanden werden, immer normativ relevant. Die Beschreibung einer Verhaltensweise als Unterlassung präjudiziert nicht nur ein normatives Urteil – diese Feststellung *ist* ein normatives Urteil. Wird aber durch die Bezugnahme auf eine Gebotsnorm nicht bereits die zu beweisende These, dass und auf welche Weise Unterlassungen moralisch relevant sind, vorweggenommen? Liegt somit nicht ein Zirkelschluss vor?

Eine Möglichkeit diesen Einwand zu entkräften, könnte darin bestehen, auf die doppelte Bedeutung des Begriffs „Norm" hinzuweisen. Im ersten Fall kann „Norm" im Sinne von Gesetz oder Gebot verstanden werden, das Wort kann aber auch die Bedeutung eines gewöhnlichen, durchschnittlichen Zustandes haben.[15] Der in der Definition der Unterlassung verwendete Begriff der Handlungsnorm kann diese beiden Bedeutungen annehmen. Die Handlungsnorm kann eine Rechtsnorm oder ein moralisches Gebot sein. Dies entspricht dem normalen philosophischen Gebrauch des Wortes „Norm". Es ist aber auch möglich, „Norm" als ein Standardverhalten zu verstehen. Der Verstoß gegen eine Handlungsnorm wäre dann nichts ande-

---

[14] Analog zur Unterscheidung von Unterlassen und Nicht-Tun sind auch das ethisch relevante Tun und das Tun schlechthin zu unterscheiden: Das ethisch relevante Tun setzt die Existenz eines moralischen oder rechtlichen Handlungsverbots voraus, gegen das verstoßen wurde. Mithin umfasst diese Kategorie alle aktiven Handlungen, die keine Adiaphora sind.

[15] Vgl. „**Norm** [*gr.-etrusk.-lat.*; „Winkelmaß; Richtschnur, Regel"] *die*; -, -en: 1. a) allgemein anerkannte, als verbindlich geltende Regel; Richtschnur, Maßstab; b) Durchschnitt; normaler, gewöhnlicher Zustand; c) vorgeschriebene Arbeitsleistung, [Leistungs]soll. 2. das sittliche Gebot od. Verbot als Grundlage der Rechtsordnung, dessen Übertretung strafrechtlich geahndet wird (Rechtsw.) […]" (*Duden Fremdwörterbuch* (Mannheim, Leipzig, Wien, Zürich: Dudenverlag, 1990), s.v. „Norm".)

res als ein Abweichen vom Normalverhalten, und die unerfüllte Norm würde nichts anderes ausdrücken als einen gewissen Grad an Erwartetheit, die nicht erfüllt wurde.[16] So kann die Aussage, dass A es unterlassen hat, zur Arbeit zu fahren, als moralischer Vorwurf verstanden werden. Sie kann sich aber auch darauf beschränken, das Außergewöhnliche von A's Verhalten, der sonst jeden Tag zur Arbeit fährt, herauszustellen. Man könnte sich zur Verteidigung der These also auf den Standpunkt stellen, dass der Begriff „Norm" stets in dem zweiten, deskriptiven Sinn verstanden werden muss. Die Aussage „A hat es unterlassen, B vor dem Ertrinken zu retten" besagt dann nicht mehr, als dass es normalerweise zu erwarten gewesen wäre, dass A die Rettung ausführt.

Diese Interpretation ist zwar möglich, doch wird sie dem Gedanken, um dessen Willen die Handlungsnorm als eine notwendige Bedingung für das Vorliegen einer Unterlassung eingeführt wurde, nicht gerecht. Es ist zwar anzuerkennen, dass einige Unterlassungen moralisch irrelevant sein mögen, genau wie auch einige Handlungen *Adiaphora* sind. In diesen Fällen nimmt „Norm" tatsächlich die rein deskriptive Bedeutung des Normalfalls an. Im Allgemeinen soll aber durch die Beschreibung eines Verhaltens als „Unterlassung" ein normatives Urteil ausgedrückt werden. Auch dieser Bedeutung ist daher Rechnung zu tragen. Wenn aber der Begriff „Unterlassung" als ein normativer Begriff aufgefasst wird, dann kann er diese Bedeutung nicht aus der Handlungsbeschreibung oder der Handlungsmöglichkeit erhalten, sondern nur daher, dass das Verhalten als ein Verstoß gegen eine Norm im Sinne einer Rechtsnorm oder eines Gebotes verstanden wird.[17]

Der Kritik, dass durch diese Definition, die die Unterlassung bereits als eine normative Kategorie definiert, ein Zirkelschluss in dieser Arbeit entstehe, ist also anders zu begegnen. Dies ist aber unproblematisch, denn eine genaue Analyse des Vorwurfs erweist ihn als unberechtigt. Wenn die notwendige Bedingung der Verletzung einer Handlungsnorm als ein Verstoß gegen eine *normative* Regel aufgefasst wird, dann präjudiziert sie zwar die moralische Relevanz der Unterlassung. Dennoch kann man nicht von einem Zirkelschluss sprechen: Es ist nicht die These dieser Arbeit, dass Unterlassungen überhaupt ethisch relevante Handlungen sind, sondern dass zwischen einer Unterlassung und einem folgengleichen Tun ein morali-

---

[16] Vgl. George Wright, *Norm and Action*, 8.

[17] Da die Adiaphora für die normative Unterscheidung zwischen Tun und Unterlassen irrelevant sind, soll im folgenden Norm stets als eine Rechts- oder moralische Norm verstanden werden.

scher Unterschied besteht beziehungsweise bestehen kann. Mit der Feststellung, dass der Begriff „Unterlassung" eine normative Relevanz besitzt, ist aber die *unterschiedliche* moralische Bewertung von Tun und Unterlassen nicht vorweggenommen – geschweige denn gerechtfertigt. Ein Zirkelschluss liegt daher nicht vor.

Die Gefahr der mangelnden Schlüssigkeit dieser Analyse des Unterlassungsbegriffs droht aber noch an einer anderen Stelle: Eine Unterlassung wurde als die Nicht-Befolgung einer Gebotsnorm definiert, ein Tun hingegen als ein Verstoß gegen ein Verbot. Die Trennschärfe zwischen Tun und Unterlassen hängt damit von der Klarheit der Unterscheidung zwischen einem Verbot und einem Gebot ab. Da von der Einordnung einer Handlung als ein Tun oder Unterlassen unterschiedliche moralische Bewertungen und eventuell sogar rechtliche Konsequenzen abhängen können, muss sehr klar definiert werden, was eine Verbotsnorm und was eine Gebotsnorm ist. Es stellt sich also die Frage, ob wir über ein hinreichend klares Unterscheidungskriterium verfügen.

Diese Frage erscheint auf den ersten Blick subversiv. Die meisten Menschen – auch Philosophen – glauben, spontan aus dem Alltagswissen heraus zu erkennen, wann sie es mit einem Gebot und wann mit einem Verbot zu tun haben. Dies mag für eine Vielzahl von Fällen auch berechtigt sein. Jedem ist klar, dass der § 211 des Strafgesetzbuches, der sich den Straftatbestand „Mord" definiert, ein Verbot darstellt. Ebenso klar ist es, dass die Pflicht zur Hilfeleistung – etwa nach einem Verkehrsunfall – ein Gebot ist. Doch neben diesen sehr klaren Fällen gibt es eine breite Grauzone, in der Intuitionen nicht weiterhelfen. Ist beispielsweise die Fürsorgepflicht der Eltern ein Gebot, sich um ihre Kinder zu kümmern, oder ein Verbot, sie zu vernachlässigen? Auch in ganz banalen Fällen haben wir oft Schwierigkeiten mit der Unterscheidung: Ist das Rechtsfahr*gebot* im deutschen Straßenverkehr tatsächlich ein Gebot, rechts zu fahren, oder ist es vielleicht doch ein Verbot, auf der linken Straßenseite zu fahren?

Es wurde bereits in Abschnitt 2.1 darauf hingewiesen, dass unsere Sprache nicht als ein eindeutiges Unterscheidungskriterium zu gebrauchen ist. Die Ausdrucksmöglichkeiten sind zu vielfältig, so dass eine moralische Norm sowohl als ein Gebot als auch als ein Verbot formuliert werden kann. Zudem ließe sich eine Unterscheidung auf der Grundlage des Sprachgebrauchs nicht über Sprachgrenzen hinweg übertragen, so dass die universelle Gültigkeit aufgegeben werden müsste. In Staaten, die nicht aus einem homogenen Sprachgebiet bestehen, würde dies in der Rechtslehre zu unüberwindbaren Schwierigkeiten führen.

Aus diesen Gründen empfiehlt es sich, einen neuen Ansatz zur Unterscheidung zwischen Gebots- und Verbotsnormen zu wählen, der sich weder auf eine Sprachanalyse noch unsere Intuitionen stützen muss und hinreichend trennscharf ist, um die auf ihm basierende unterschiedliche normative Bewertung zu rechtfertigen. Ohne es zu wollen, hat der englische Philosoph Jonathan Bennet die Vorarbeit zu einem solchen Ansatz geleistet. In seiner Vorlesung „Morality and Consequences"[18] versucht Bennet zu zeigen, dass die unterschiedliche moralische und rechtliche Bewertung von Tun und Unterlassen nicht zu rechtfertigen sei. Er hält aber die Unterscheidung von Tun und Unterlassen für unterbestimmt und zu stark normativ vorbelastet, um eine angemessene Diskussion über die Rechtfertigbarkeit der unterschiedlichen normativen Bewertungen führen zu können. Er schlägt daher vor, in der ethischen Diskussion nicht zwischen Tun und Unterlassen zu unterscheiden, sondern zwischen positiver und negativer Instrumentalität. Eine Person sei positiv instrumental im Hinblick auf ein Geschehen, wenn das Geschehen eintritt, weil die Person etwas getan hat. Von negativer Instrumentalität sei hingegen zu sprechen, wenn das Geschehen eingetreten sei, weil die Person etwas nicht getan hat.[19]

---

[18] Jonathan Bennet, "Morality and Consequences", *The Tanner Lectures on Human Values II*, ed. Sterling M. McMurrin (Salt Lake City: University of Utah Press, 1981), 48 – 116.

[19] Bennet vertritt die Ansicht, dass die Unterscheidungen zwischen Tun und Unterlassen und positiver und negativer Instrumentalität keineswegs identisch seien, da sie nicht einmal extensional gleichwertig seien. So führt Bennet selbst einen Fall an, in dem ein Fahrzeug auf einen Abgrund zurollt. A entfernt einen Stein, der zwischen dem Abgrund und dem Fahrzeug liegt und dazu geeignet wäre, das Fahrzeug zu stoppen. In diesem Fall spräche die Mehrheit davon, dass A das Fahrzeug in den Abgrund fahren lasse, während es sich nach Bennets Kriterium eindeutig um eine positive Instrumentalität handelt. Man mag gegen dieses Argument einwenden, dass die hier verwendete Bedeutung von „lassen" nur bedingt auf eine Unterlassung hinweist, weil es sich um eine andere Bedeutung des Wortes (nämlich im Sinne von zulassen bzw. erlauben) handelt. Auf der anderen Seite wird häufig diese zweite Bedeutung von „lassen" benutzt, um versteckt auf Unterlassungen hinzuweisen („Der Arzt ließ den Patienten friedlich sterben"). Da es an dieser Stelle nicht relevant ist, ob die Kategorien positive /negative Instrumentalität und Tun/Unterlassen sich wirklich decken, soll dieses Problem nicht weiter verfolgt werden. Es ist aber in jedem Fall Bennets Fazit zuzustimmen: „[These problems] are just the sort of things I dislike about the verb ‚to let'." (Jonathan Bennet, „Morality and Consequences" 53. Zu den verschiedenen Bedeutungen des Wortes to let/ bzw. lassen, s. Philippa Foot, „The Problem of Abortion", *Virtues and Vices and other Essays in Moral Philosophy* (Oxford: Blackwell, 1978), 19 – 32 bes. 26.)

Die Unterscheidung, ob etwas geschehen sei, weil eine Person etwas getan hat, oder weil sie etwas nicht getan hat, ist allerdings weniger trivial, als sie auf den ersten Blick scheint. Das Problem erscheint weit einfacher als es ist, weil es leicht mit der Frage verwechselt wird, ob etwas geschieht, wenn eine Person etwas Bestimmtes tut, und ob es ausbleibt, wenn die Person dies nicht tut. Diese Bedingung ist unter Juristen als „conditio sine qua non" bekannt[20] und wird als notwendige Bedingung angesehen, um von einer Folgenverursachung durch den Handelnden zu sprechen. Dieses Kriterium ist jedoch ein grundsätzlich anderes als Bennets Unterscheidung zwischen positiver und negativer Instrumentalität. Die „conditio sine qua non" ist sowohl für das Vorliegen von positiver wie auch negativer Instrumentalität eine notwendige Bedingung. Zur Unterscheidung der beiden kann sie daher nichts beitragen.

Bennet sieht es als Hauptproblem der Unterscheidung zwischen positiver und negativer Instrumentalität an, dass sie nahe legt, auch nicht ausgeführten Handlungen eine Wirkung zuzuschreiben. Nicht ausgeführte Handlungen könnten jedoch nicht als Sonderfälle von Handlungen aufgefasst werden: Sie seien überhaupt keine Handlungen, weil sie eben nicht ausgeführt worden seien. Der Entschließungsakt, etwas nicht zu tun, möge als Handlung gelten, nicht jedoch die Nicht-Ausführung der Handlung selbst. Für Bennet sind Handlungen „Brocken der Raumzeit"[21], in denen ein Akteur eine Basishandlung ausführt. Ein Analogon für nicht ausgeführte Handlungen wäre auf Grund des negativen ontologischen Status der Nicht-Handlungen nur unter Aufgabe dieser Konzeption von Handlungen möglich, an der Bennet aber weiterhin festhalten möchte.

Daher betrachtet Bennet die Negativität der Unterlassung bzw. des Nicht-Tuns nicht als eine negative Aussage *de re*, sondern *de dicto*. Die Behauptung „A tut X nicht" sei eine sehr schwache, aber nicht vollständig inhaltsleere Proposition über den Zustand von A, genauer gesagt, in welchem Zustand A *nicht* sei. Die Proposition „X tut A" enthalte klar definierte Wahrheitsbedingungen: Sie sei wahr in allen logisch möglichen Welten, in denen X tatsächlich A tut.[22] Auch die Proposition „A tut X nicht" enthalte ebenso

---

[20] Siehe Abschnitt 3.2.

[21] „concrete chunks of space-time" (Jonathan Bennet, „Morality and Consequences", 53)

[22] Dies ist nur eine Anwendung von Tarskis Wahrheitstheorie auf eine Aussage über A. Inwieweit die Aussage allerdings eine „klar definierte Wahrheitsbedingung" enthält,

klar definierte Wahrheitsbedingungen: Sie sei wahr in allen logisch möglichen Welten, in denen A die Handlung X nicht ausführt. Dies sei eine ungleich schwächere Behauptung als die Behauptung, dass A X tut. Wenn man davon ausgeht, dass A zu jedem Zeitpunkt aus einer Vielzahl von Handlungsmöglichkeiten wählen kann, ergibt sich ein wichtiger Unterschied zwischen dem Tun und dem Nicht-Tun: Die Aussage „A tut X" beschreibt eine relativ kleine Menge der logisch möglichen Welten; sie ist also nur in einer Minderheit aller Handlungsmöglichkeiten von A wahr. Bei der Aussage „A tut X nicht" ist es genau umgekehrt: Sie ist nur falsch, wenn A tatsächlich X wählt, in allen anderen Fällen hingegen wahr.

In dieser unterschiedlichen Aussagekraft sieht Bennet das Kriterium zur Unterscheidung zwischen positiver und negativer Instrumentalität. Wenn man überprüfen möchte, ob eine Person hinsichtlich eines bestimmten Ereignisses positiv oder negativ instrumental gewesen sei, so seien alle möglichen Verhaltensweisen der Person zum Zeitpunkt des Geschehens zu betrachten. Wenn in der überwiegenden Zahl der Verhaltensweisen die Folge nicht eingetreten wäre, dann sei die Person positiv instrumental hinsichtlich dieser Folge gewesen. Wäre die Folge hingegen nur durch ein bestimmtes Verhalten zu verhindern gewesen, aber bei allen anderen Verhaltensweisen eingetreten, so sei die Person negativ instrumental hinsichtlich dieser Folge.

Bennet liefert dazu folgendes Beispiel: Im ersten Fall steht ein Fahrzeug an einem Abhang. Durch einen Tritt von A gegen das Fahrzeug gerät es ins Rollen, stürzt in einen Abgrund und wird zerstört. Hätte A, statt dem Fahrzeug einen Tritt zu versetzen, nur in der Sonne gelegen, die Landschaft bewundert, gelesen, philosophiert etc., so wäre die Zerstörung des Fahrzeugs ausgeblieben. Selbst wenn A statt gegen das Auto gegen einen Baum oder Felsen in der Nähe getreten hätte, wäre nichts geschehen.[23] Da also nur ein kleiner Teil der möglichen Verhaltensweisen von A zu der Zerstörung des Fahrzeugs führt, ist nach Bennets Kriterium A also positiv instrumental in Hinblick auf die Zerstörung des Fahrzeugs.

---

hängt entscheidend davon ab, wie klar die Proposition „A tut X" im Einzelfall bestimmt ist.

[23] In der Möglichkeit, jede Handlung an einem anderen Objekt bzw. in eine andere Richtung auszuführen sieht Bennet die Asymetrie der Folgenverteilung begründet. Dieses Detail aus Bennets Vorlesung soll allerdings hier nicht weiter verfolgt werden. (Vgl. Jonathan Bennet, „Morality and Consequences", 63-64.)

Anders sieht der Fall aus, wenn das Fahrzeug bereits im Rollen ist, aber A die Zerstörung noch verhindern könnte, indem er einen Stein in die Spur des rollenden Fahrzeugs legt. Dieser einen Rettungsmöglichkeit (zu der eventuell ein bis zwei weitere hinzukommen könnten, wie etwa, die Handbremse des Fahrzeugs anzuziehen etc.) steht eine Unzahl von Verhaltensweisen gegenüber, die zur Zerstörung des Fahrzeugs führen. A könnte das rollende Fahrzeug nur anstarren, lesen oder sich sonnen. Er könnte den Stein auch neben, hinter oder auf das Fahrzeug legen oder ihn einfach wegwerfen. In all diesen Fällen kommt es trotzdem zu der Zerstörung des Fahrzeugs. Die Mehrzahl der Handlungsweisen von A führen also zum Folgeneintritt. A ist also lediglich negativ instrumental.

Die Aussage, dass A „lediglich" negativ instrumental ist, ist in gewisser Weise irreführend: Sie scheint zu suggerieren, dass Fälle von negativer Instrumentalität weniger stark zu verurteilen sind. Dies ist keineswegs so. Es ist zwar richtig, dass es für einen Handelnden leichter ist, negativ instrumental zu sein, weil die negative Instrumentalität die Auswahl an Handlungsmöglichkeiten weit weniger einschränkt. Daher sind die Kosten für den Handelnden hinsichtlich seiner Handlungsautonomie weitaus geringer. Bennet verdeutlicht den Unterschied in den Freiheitseinschränkungen mit dem Satz „Compare being banished to Liechtenstein with being banished from Liechtenstein."[24] Es folgt jedoch aus dieser Tatsache noch nicht, dass zwischen positiver und negativer Instrumentalität auch ein normativer Unterschied besteht.[25] Genauso wenig ist durch die Unterscheidung von positiver und negativer Instrumentalität – das räumt Bennet selbst ein – in irgendeiner Weise bereits bewiesen, dass es *keinen* moralischen Unterschied zwischen Tun und Unterlassen geben kann. Bennets Argumenten, die er gegen eine Unterscheidung von Tun und Unterlassen vorbringt, im Einzelnen zu folgen, würde allerdings den Rahmen dieser Arbeit sprengen.

---

[24] Jonathan Bennet, „Morality and Consequences", 78.

[25] Bennet verwendet die gesamte zweite seiner drei Vorlesungen darauf zu zeigen, dass ein normativer Unterschied zwischen positiver und negativer Instrumentalität nicht besteht. Seine Argumente sind jedoch zu komplex, um sie hier zu präsentieren. Wichtige Gedanken aus Bennets Kritik finden sich in Abschnitt 4.1.1 wieder, in dem die Möglichkeit einer unterschiedlichen Bewertung von negativen und positiven Rechten im Anschluss an Philippa Foot und andere diskutiert wird. Der Abschnitt 4.3 präsentiert eine Unterscheidung von Tun und Unterlassen gemäß dem Grad der Vorsätzlichkeit, die Bennet in seiner dritten Vorlesung diskutiert. (Vgl. J. Bennet, „Morality and Consequences", 73 -95.)

Den Wert für die hier geführte Diskussion erhält Bennets Unterscheidungskriterium durch die Übertragung auf die Unterscheidung zwischen einer Verbotsnormen und einer Gebotsnormen. Anstatt zu betrachten, welche der möglichen Handlungsalternativen einer Person eine bestimmte (Schadens-)Folge nach sich zieht, ist hier zu untersuchen, ob die Mehrzahl oder die Minderzahl der möglichen Handlungsalternativen normkonform sind. Um in einem konkreten Fall zu untersuchen, ob eine Norm ein Gebot oder ein Verbot ist, ist demnach zu überprüfen, wie viele aller zum Handlungszeitpunkt möglichen Handlungsalternativen das durch die Norm geschützte Rechtsgut direkt verletzen bzw. anderweitig dem Normzweck widersprechen.[26] Ist die überwiegende Anzahl der Basishandlungen normwidrig, so schreibt die Handlung ein eng umrissenes, relativ genau bestimmtes Verhalten vor: Es handelt sich also um ein Gebot. Wenn die Norm hingegen nahezu alle möglichen Handlungen erlaubt und nur einen sehr geringen Teil als normwidrig ausschließt, so ist die Norm ein Verbot.

Dieses Kriterium ist auch dort noch trennscharf, wo rein intuitiv keine Unterscheidung mehr möglich ist. Durch seine Anwendung lässt sich beispielsweise relativ leicht klären, ob Eltern ein Fürsorgegebot oder ein Vernachlässigungsverbot auferlegt wird. Zur elterlichen Fürsorgepflicht gehört zwar eine Vielzahl einzelner Handlungsverpflichtungen. Wenn man aber die Handlungsalternativen, die die Eltern statt der Versorgung ihrer Kinder wählen könnten, betrachtet, wird schnell klar, dass sie überwiegen. Die Eltern könnten, statt ihre Kinder zu versorgen, ihre berufliche Karriere vorantreiben, sich Freizeitaktivitäten widmen oder ihre sozialen Kontakte pflegen etc. Diese Verhaltensweisen, die nicht der Norm entsprechen, stellen die überwältigende Anzahl der Handlungsmöglichkeiten dar. Es handelt sich bei der elterlichen Fürsorgepflicht also um ein Handlungsgebot.

Umgekehrt verhält es sich bei der beruflichen Schweigepflicht. Wer in einem bestimmten Beruf zum Schweigen verpflichtet ist, unterliegt keinem generellen Redeverbot. Er darf sich nur zu solchen Themen nicht äußern, die in direkter Verbindung mit seiner beruflichen Tätigkeit stehen. Da er sich zu allen anderen Themen weiterhin äußern darf, widerspricht also nur ein sehr kleiner Teil seiner Handlungsalternativen der Schweigepflicht. Obwohl der Sprachgebrauch durch den Begriff der Schweigepflicht hier ein Handlungsgebot suggeriert, zeigt Bennets Kriterium, dass es sich in Wirklichkeit um ein Verbot handelt.

---

[26] Zum Begriff des Normzwecks, s. Abschnitt 3.2.

Es ist also ein trennscharfes Kriterium zwischen Geboten und Verboten gefunden worden: Gebote sind solche Normen, die wenige bestimmte Handlungen vorschreiben, während Verbote nur bestimmte Handlungen als unerlaubt ausschließen aber alle anderen erlauben. Damit unterscheidet sich das hier entwickelte Kriterium praktisch nicht von unserem Alltagsverständnis, so dass es sich kohärent in unser moralisches Überzeugungssystem einfügt. Dennoch ist es nicht trivial, denn es bietet den Vorteil, dass es uns bei der Beurteilung von komplexen und hochspezifischen Normen erlaubt, ein rationales und nachvollziehbares Urteil zu fällen.

Mit dem Auffinden eines Unterscheidungskriteriums von Geboten und Verboten ist aber auch die Begriffsbestimmung der Unterlassung abgeschlossen: Eine Unterlassung ist das Nicht-Ausführen einer möglichen aktiven Handlung, die durch ein *Gebot* gefordert wird.

Auf der Grundlage dieser Definition von Unterlassungen lässt sich eine weitere terminologische Unterscheidung aus der Rechtswissenschaft in die Ethik übernehmen: die Unterscheidung zwischen echten und unechten Unterlassungen.[27] Das Kriterium zur Unterscheidung von echten und unechten Unterlassungen ist die Art der Handlungspflicht, die der Unterlassung zu Grunde liegt. Nur wenn das Handlungsgebot, das nicht befolgt wurde, eine „allgemein-menschheitliche Tätigkeitspflicht"[28] oder auch allgemeine Bürgerpflicht ist, handelt es sich um eine echte Unterlassung. Von unechten Unterlassungen ist hingegen zu sprechen, wenn es sich um eine spezielle Handlungspflicht handelt, die Handlungspflicht entweder aus einem besonderen Verhältnis der beteiligten Personen resultiert oder sich aus dem speziellen Verhalten des Verpflichteten ergibt. In diesem Fall spricht man von einer Garantenpflicht oder einer Garantenstellung, die der Verpflichtete innehat. Garantenpflichten können entstehen

- aus familiären oder persönlichen Beziehungen (z.B. die elterliche Fürsorgepflicht),
- aus der freiwilligen Übernahme von Handlungspflichten durch Verträge und im Rahmen von Verbänden (z.B. die Aufsichtspflicht des Bademeisters),

---

[27] Die Bezeichnung als echte und unechte Unterlassungen ist historisch zu erklären und unter Juristen nicht unumstritten. (Vgl. Joachim Hruschka, *Strafrecht nach logisch-analytischer Methode* (Berlin u. a. : Walter de Gruyter, 1983), 418.)

[28] Michael Köhler, *Strafrecht – AT*, 207.

- aus früherem Handeln (z.B. die Pflicht der Unfallbeteiligten die Unfallstelle ordnungsgemäß abzusichern),
- aus der staatlichen Sonderverantwortung zur Gefahrenbeseitigung (z.B. die Verpflichtung zum Katastrophenschutz).[29]

Wenn es einen normativen Unterschied zwischen echten und unechten Unterlassungen gibt, so ist dieser Unterschied durch einen Rückgriff auf die unterschiedliche Gewichtung von Garantenpflichten und allgemeinmenschheitlichen Handlungspflichten zu erklären. Die Unterscheidung zwischen echten und unechten Unterlassungen bleibt für die Philosophie eine rein terminologische Unterscheidung[30], der für sich genommen keine normative Relevanz zukommt. Dennoch zeigt die Unterscheidung eines ganz deutlich: Es kann praktisch kein Moralsystem geben, das ohne ein „Unterlassungsdelikt" auskommt. Da Garantenpflichten sich bereits aus freiwilligen Pflichtübernahmen im Rahmen von freiwilligen Verträgen ergeben, muss ein jedes Moralsystem, das den Individuen Vertragsfreiheit zugesteht, auch anerkennen, dass es unechte Unterlassungen gibt. Ob es auch echte Unterlassungen gibt, ist hingegen davon abhängig, ob das Moralsystem allgemein-menschheitliche Tätigkeitspflichten anerkennt.

2.4 Die Handlungsbeschreibung anhand der Handlungsnorm

Trotz Erreichung des Ziels den Begriff des Unterlassens zu definieren, ist die vorgeschlagene Definition noch mit einer Hypothek belastet: Es sind nach wie vor zwei Probleme aus den vorherigen Abschnitten zu klären. Zum einen muss noch ein Weg gefunden werden, um die einzelnen nicht ausgeführten Basishandlungen unter einen Begriff zu subsumieren, zum anderen ist noch kein befriedigendes Kriterium gefunden worden, um den Inhalt der Möglichkeitsbedingung zu bestimmen. Wenn man bereit ist zu akzeptieren, dass die Unterlassung die Existenz einer Gebotsnorm voraussetzt, sind diese Probleme jedoch sehr einfach zu lösen.

---

[29] Vgl. ibid., 217 – 229.

[30] Für die Rechtslehre ist die Unterscheidung darüber hinaus von Bedeutung, weil die echten Unterlassungen gemäß § 323c StGB als eine unterlassene Hilfeleistung bestraft werden. Bei unechten Unterlassungen wird hingegen der $ 13 StGB angewendet und die Unterlassungstat als ein Begehen durch Unterlassen gewertet. Das Strafaß kann in diesem Fall erheblich höher ausfallen.

Das Problem in Abschnitt 2.1 bestand darin, die unterlassene Handlung adäquat zu beschreiben. Der Vorwurf der Unterlassung darf sich nämlich einerseits nicht darauf beschränken, dem Akteur lediglich die vermeintlichen Folgen der Unterlassungen anzulasten. Aber andererseits droht die Gefahr, dass Unterlassungshandlungen in eine Vielzahl von Einzelunterlassungen zerfallen: Der Akteur hat nicht mehr eine Handlung unterlassen, sondern eine Vielzahl von Handlungen, wobei jede für sich notwendig für den Eintritt des Schadens ist, aber nur ihre Summe hinreichend. Wie lässt sich also eine adäquate Beschreibung für die nicht ausgeführte Handlung finden?

Ein Rückgriff auf eine Gebotsnorm kann dieses Problem lösen, denn die Gebotsnorm enthält bereits eine solche adäquate Handlungsbeschreibung: Sie beschreibt diejenige Handlung, deren Unterlassung die Grundlage des normativen Vorwurfs bildet. Dabei ist die gebotene Handlung selten so genau beschrieben, dass sie konkrete Einzelhandlungen umfasst, sondern subsumiert die zur Erfüllung des Gebotes notwendigen Handlungen unter einen gemeinsamen Begriff. So umfasst die elterliche Fürsorgepflicht eine unzählbare Menge von einzelnen Pflichten, deren Verletzung letztendlich eine Verstoß gegen die Fürsorgepflicht darstellt: Die Kinder müssen mit Essen versorgt werden, zur Schule geschickt, beim Spielen beaufsichtigt werden etc.

In dieser Eigenschaft unterscheiden sich Handlungsgebote keineswegs von Verboten. Auch Verbote subsumieren eine große Zahl von einzelnen Handlungen unter einen gemeinsamen Begriff. So verbietet etwa das Totschlagsverbot gleich eine Reihe von Handlungen, die alle verboten sind: Erschießen, Erstechen, Erschlagen etc. Es ist dabei im Allgemeinen nicht notwendig, jede dieser Handlungen aufzuzählen. Es reicht festzustellen, dass durch die Ausführung solcher Handlungen das durch das Tötungsverbot geschützte Rechtsgut, das menschliche Leben, verletzt wird. Insofern sind sie aus normativer Sicht alle „tatbestandsmäßige"[31] Handlungen hinsichtlich des Tötungsverbots, das heißt: Alle diese Basishandlungen fallen unter das Verbot der Tötung.

---

[31] „[S]trafrechtlich bedeutet „Tatbestand" [...] den Inbegriff von allgemeinen Handlungsmerkmalen." (Michael Köhler, *Strafrecht – AT*, 119).
Der Begriff „tatbestandsmäßig" ist an dieser Stelle allerdings nicht strafrechtlich zu verstehen, sondern soll nur ausdrücken, dass eine konkrete Handlung von einer moralischen oder Rechtsnorm objektiv erfasst wird, das heißt subjektive Tatbestandsmerkmale werden nicht betrachtet.

Wenn man annimmt, dass auch Handlungsgebote das Ziel haben, Rechtsgüter zu schützen, dann lässt sich dies auch analog für Handlungsgebote anwenden. Das Handlungsgebot gebietet alle Handlungen, die notwendig (und möglich) sind, um den Schaden am geschützten Rechtsgut zu verhindern. Eine hinsichtlich eines Handlungsgebotes tatbestandsmäßige Unterlassung besteht also darin, dass es durch das Nicht-Ausführen der gebotenen Handlungen zu einer Rechtsgutverletzung an dem durch das Handlungsgebot geschützten Rechtsgut kam (oder die Gefahr einer solchen Rechtsgutverletzung stark erhöht wurde). Mit diesem Schritt ist schließlich auch ein Weg zur Handlungsbeschreibung gefunden: Sie lässt sich aus der Gebotsnorm entnehmen, indem die unterlassenen Einzelhandlungen den Tatbestand des Verstoßes gegen die Gebotsnorm erfüllen müssen.[32]

2.5 Die Möglichkeitsbedingung auf der Grundlage der Handlungsnorm

In Abschnitt 2.2 wurden bereits drei mögliche Bestimmungen der Möglichkeitsbedingung vorgestellt. Die logische, die naturgesetzliche und die faktische Unmöglichkeit. Alle drei erwiesen sich als zu strikt. In einer Vielzahl von Fällen ist dem Akteur eine Handlung logisch, naturgesetzlich und auch faktisch möglich, dennoch wird die Ausführung der Handlung als eine moralische Überforderung und deshalb als unmöglich gewertet. Wenn etwa Angehörige es angesichts der Lebensgefahr unterlassen, ihrem Familienmitglied in den Fluss nachzuspringen, dann ist ihnen diese Handlung weder logisch noch naturgesetzlich noch faktisch unmöglich.[33] Die Aussage, dass es den Angehörigen nicht möglich war, ihren Verwandten zu retten, muss also eine andere Bedeutung haben, die sich durch Bezugnahme auf das Handlungsgebot der Unterlassung explizieren lässt. Hierzu muss man das Kantische Prinzip „Du kannst, denn Du sollst."[34] zur Hilfe nehmen

---

[32] Damit fallen die Bestimmung dessen, was unterlassen wurde, und die Feststellung der normativen Relevanz des Verhaltens zusammen. Dies ist kein Zirkelschluss, sondern bestätigt lediglich die Behauptung, dass „Nichttätigkeit [...] rechtlich zunächst nichts [bedeutet]." (Michael Köhler, *Strafrecht – AT*, 206.). Nichttätigkeit, die in keinerlei Hinsicht tatbestandsmäßig ist, ist in normativer Hinsicht uninteressant und bedarf daher auch keiner näheren Beschreibung.

[33] Michael Köhler, *Strafrecht – AT*, 298.

[34] Die Aussage „Du kannst, denn Du sollst." findet sich wörtlich nicht in Kants Schriften. Angesichts des folgenden Zitats aus der Schrift „Über den Gemeinspruch" ist man aber berechtigt, diese Aussage Kant zuzuschreiben:

beziehungsweise dessen moderne, schwächere Version „Sollen impliziert Können".[35]

Die Kantische Aussage „Du kannst, denn Du sollst." wird von vielen Moraltheoretikern als unhaltbare Aussage zurückgewiesen:[36] Die Tatsache, dass ein Schuldner einem Gläubiger Geld schulde, impliziere (leider) nicht, dass der Schuldner den geschuldeten Betrag auch zurückzahlen könne.

Diese vermeintliche Widerlegung des Kantischen Satzes beruht jedoch auf einem Missverständnis. Die Aussage, dass das Sollen das Können impliziert, kann nicht als eine Entschuldigung nach der Art „Ich konnte nicht, also sollte ich nicht" für einen individuellen Normverstoß verstanden werden, sondern muss als Kriterium auf der Ebene der Normen selbst verstanden werden: Die Möglichkeit der Befolgung der Norm im Allgemeinen ist eine notwendige Voraussetzung, um die Aufstellung der Norm rational begründen zu können. Anders ausgedrückt: Es ist irrational, eine Norm aufzustellen, die schlechterdings nicht zu befolgen ist. Es gehört also zu jeder rationalen Rechtfertigung einer Norm zu zeigen, dass die Befolgung grundsätzlich möglich ist – auch wenn dieser Beweis in den allermeisten Fällen trivial sein dürfte.[37] Die Tatsache, dass etwas normativ geboten ist, ist daher hinreichende Bedingung für die grundsätzliche Möglichkeit dieser

---

„Daß der Mensch sich bewusst ist, er könne dieses, weil er es soll: das eröffnet ihm eine Tiefe göttlicher Anlagen, die ihn gleichsam einen heiligen Schauer über die Größe und Erhabenheit seiner wahren Bestimmung fühlen lässt." (Immanuel Kant, „Über den Gemeinspruch", Kants Werke – Akademie-Textausgabe (Berlin: Walter de Gruyter & Co, 1968), VIII, 287 - 288.)

[35] Einen Vergleich des Kantischen „Du kannst, denn Du sollst" mit dem im Angelsächsischen gebräuchlicheren „Ought implies Can" liefert Jens Timmermann in seinem Aufsatz „Sollen und Können – ‚Du kannst, denn du sollst' und ‚Sollen impliziert Können' im Vergleich" (*Philosophiegeschichte und logische Analyse – Schwerpunkt: Geschichte der Ethik*, ed. Uwe Meixner und Albert Newen (Paderborn: mentis, 2003), 113 – 122). Timmermann zeigt darüber hinaus, dass die schwächere Aussage des „Ought implies Can" weit über die Kantische Moral hinaus Gültigkeit besitzt.

[36] Timmermann liefert in seinem Aufsatz eine Übersicht über die verschiedenen Einwände gegen das Kantische Prinzip. An dieser Stelle soll nur dieser eine Einwand kurz umrissen werden.

[37] Der Beweis der Möglichkeit kann bereits durch das Aufzeigen eines einzigen Beispiels erbracht werden.

Handlung.[38] Die Frage, ob eine Handlung möglich ist, muss daher als ein Teil der Frage gesehen werden, ob die Handlung geboten ist. Zeigt sich bei der Prüfung, dass diese Handlung ausnahmslos nicht möglich ist, so kann sie auch nicht geboten sein. Da Unterlassungen als das Nicht-Ausführen solcher Handlungen definiert wurden, die moralisch geboten sind, müssen diese Handlungen also folglich auch möglich sein.

Damit ist aber das eigentliche Problem nicht gelöst, denn es hat sich nur verschoben: Während die ursprüngliche Frage war, ob eine konkrete, nicht ausgeführte Handlung überhaupt möglich gewesen wäre, stellt sich nun die Frage, was es heißen soll, dass eine *gebotene* Handlung möglich sei. Ein inhaltliches Kriterium zur Beantwortung dieser Frage fehlt nach wie vor.

Dennoch ist durch diese Verschiebung ein Fortschritt erreicht, denn es lassen sich so zwei neue Erkenntnisse gewinnen. Zum einen sind wir in der Beurteilung, ob die Befolgung einer Norm faktisch möglich ist, sehr viel sicherer, denn diese Frage stellt sich auch im Zusammenhang mit Verboten, so dass wir auf diesem Gebiet sehr viel mehr Erfahrung haben. Bereits seit der Antike wird die Frage, ob eine verbotswidrige Handlung dem Handelnden zuzurechnen ist, davon abhängig gemacht, ob dieser auch hätte anders handeln können – ob es ihm also *möglich* gewesen wäre, die Handlung auch zu unterlassen.[39] Auch wenn damit inhaltlich noch nicht näher bestimmt ist, was es heißt, dass eine unterlassene Handlung möglich gewesen sein muss, so bietet der Vergleich mit dem normwidrigen Tun, dessen Vermeidung möglich gewesen sein soll, einen großen Pool an Referenzfällen. Damit muss man sich nicht auf ein bloß intuitives Verständnis der Handlungsmöglichkeit verlassen, sondern kann untersuchen, ob die Verwendung des Begriffs „Möglichkeit" zur Prüfung, ob ein verbotenes Tun auch hätte vermieden werden können, und die Verwendung zur Prüfung, ob es möglich war, eine gebotene Handlung auszuführen, konsistent sind.

Eine weitergehende – inhaltliche – Bestimmung der Möglichkeitsbedingung erscheint weder möglich noch sinnvoll: Was zu einer gegeben Zeit jeweils möglich ist, hängt zum Beispiel in erheblichen Maße vom wissen-

---

[38] Der juristische Grundsatz „ultra posse nemo tenetur, impossibilium nulla est obligatio" drückt genau diesen Sachverhalt zwischen Sollen und Können aus. (Zitiert nach: Michael Köhler, *Strafrecht – AT*, 295.)

[39] Aristoteles diskutiert diesen Zusammenhang ausführlich in der Nikomachischen Ethik, III i - v. (Aristoteles, *Nicomachean Ethics*, ed. H. Rackham (London: William Heinemann Ltd., 1968), 117-147.)

schaftlichen und technischen Entwicklungsstand ab. So macht die moderne Medizin viele Handlungen heute möglich, die vor zwanzig Jahren noch völlig unmöglich waren. Daher ist der Versuch, eine Definition zu liefern, die genaue Bedingungen für das Vorliegen einer Handlungsmöglichkeit angibt, zum Scheitern verurteilt: Entweder ist eine solche Definition so inhaltsleer, dass sie bei der Beurteilung einer konkreten Handlung nicht weiterhilft oder ihre Bedingungen sind so speziell, dass sie Gefahr läuft, durch den wissenschaftliche oder technische Veränderungen überholt zu werden, so dass sie Handlungen als unmöglich klassifiziert, die bereits möglich sind. Daher kann man nicht mehr tun, als auf eine konsistente und kohärente Verwendung des Möglichkeitsbegriffs in einem ethischen System zu achten.

Die Frage, ob die Erfüllung einer Handlungsnorm möglich ist, enthält aber noch eine weiteres Element: Eine Handlung kann nur dann geboten sein, wenn es möglich ist, dem Handlungsgebot zu entsprechen, ohne andere Handlungsnormen zu verletzen. Wer – wie etwa im „Fall Jim"[40] – die Rettung von 20 Indios nur dadurch erreichen kann, dass er einen von ihnen erschießt, dem ist die Rettung von 19 Indios im rechtlichen bzw. moralischen Sinn nicht möglich.[41] Es liegt hier eine Pflichtenkollision vor: Auf der einen Seite ist es geboten, die 19 Personen zu retten, auf der anderen Seite verboten, den einen Indio zu töten. Da eine Rettung nur durch rechtlich nicht zulässige Mittel möglich ist, ist die Unterlassung der Rettung geboten. Angesichts der fehlenden Mittel zu einer Rettung könnte man hier von einem rechtfertigenden Notstand sprechen, der die Abweichung von der eigentlich vorhandenen Handlungspflicht zur Hilfeleistung rechtfertigt.[42]

---

[40] Bernard Williams, „A critique of utilitarianism", *Utilitarianism – for and against*, J. J. C. Smart und Bernard Williams (London und New York, 1973), 98 - 99.

[41] Diese Konsequenz lässt sich meines Erachtens zumindest dann nicht vermeiden, wenn man anders als Williams annimmt, dass der durch Jim Erschossene ein 21. völlig Unbeteiligter ist.

[42] Vgl. Michael Köhler, Strafrecht – AT, 280 - 295 bes. 294. Der rechtfertigende Notstand ist vom entschuldigenden Notstand zu unterscheiden. Der entschuldigende Notstand kann die Tat nur insoweit rechtfertigen, als dass dem Täter keine persönliche Schuld zukommt. Er handelt in diesem Falle zwar rechtswidrig, bleibt aber auf Grund der fehlenden persönlichen Schuld straffrei.

Rechtfertigende Notstand führt hingegen zu einer objektiven Rechtfertigung der Handlungsweise. In diesem Falle besteht nicht nur Straffreiheit, sondern auch eventuelle zivilrechtliche Forderungen bestehen nicht.

Dieser rechtfertigende Notstand ist allerdings kein spezielles Phänomen im Zusammenhang mit Handlungsgeboten. Ein rechtfertigender Notstand kann genauso auftreten, wenn zwei Verbote miteinander in Konflikt stehen. Dennoch hat der rechtfertigende Notstand im Fall von Unterlassungen einen speziellen Namen: die Unzumutbarkeit.

Eine an sich gebotene Handlung ist dann als unzumutbar – und daher als dem Handelnden nicht möglich – einzustufen, wenn „mit dem an sich gebotenen Tun eine unverhältnismäßige Aufopferung verbunden wäre."[43] Da auch die Individualrechte des Handelnden beachtet werden müssen, entsteht ein Normenkonflikt durch Handlungsgebote, die für ihn selbst mit einer erheblichen Gefahr für Leib und Leben verbunden sind. In diesem Fall kann das Tätigwerden mit dem Verweis auf einen rechtfertigenden Notstand abgelehnt werden.

Somit lässt sich auch der Fall des Angehörigen erklären, der angesichts der Tatsache, dass eines seiner Familienmitglieder bei Dunkelheit in einen Fluss mit gefährlicher Strömung fällt, nicht tätig wird. Da auch die Abwehrrechte des Angehörigen beachtet werden müssen, darf er nicht dazu gezwungen werden, dem Ertrinkenden nachzuspringen. Daher entsteht auch hier ein Konflikt zwischen dem Handlungsgebot, das Familienmitglied zu retten, und dem Recht des Angehörigen, sein eigenes Leben zu schützen. Aus moralischer Sicht ist die Handlung daher nur möglich, wenn der Angehörige bereit ist, freiwillig auf eines seiner Rechte zu verzichten. Tut er dies nicht, so ist die Handlung „zwangsrechtlich"[44] nicht einforderbar.

Damit sind die Schwierigkeiten der Definition des Begriffs der Unterlassung gelöst: Sowohl die Handlungsbeschreibung als auch die Handlungsmöglichkeit lassen sich durch einen Rückgriff auf die verletzte Handlungsnorm näher bestimmen. Auf den ersten Blick mögen die Ergebnisse dieser Analyse trivial erschienen, weil sie nicht wesentlich über das Alltagsverständnis hinausgehen. Der Wert liegt aber nicht in ihren Aussagen selbst, sondern sie bildet die Grundlage, um zwei weitere philosophische Probleme sehr viel besser bearbeiten zu können. Das erste Problem betrifft die zeitliche Einordnung von Unterlassungen: Wie viele Dinge unterlässt man gleichzeitig? Das zweite Problem betrifft die Frage nach der normativen Verantwortung für Schäden (oder auch Nutzen) aus Unterlassungen. Nor-

---

[43] Michael Köhler, Strafrecht – AT, 297.
[44] ibid., 298.

malerweise schreiben wir einer Person die Verantwortung für die Folgen ihrer Handlung zu, weil diese Folgen das Ergebnis der kausalen Wirkung sind. Doch Unterlassungen sind keine echten Handlungen – sie sind das Ausbleiben einer möglichen Handlung. Kann man dann noch von ihrer kausalen Wirksamkeit sprechen?

Die genauere Analyse dieser Fragen im nächsten Abschnitt wird zeigen, dass sich Unterlassungen aus normativer Sicht keineswegs kategorial von aktiven Handlungen unterscheiden. Im Gegenteil: Es wird sich zeigen, dass Unterlassungen in vielerlei Hinsicht einem Tun gleichzustellen sind und der normative Unterschied zwischen beiden daher nicht als eine bloße Tatsache unseres moralischen Urteilens aufgefasst werden darf, sondern einer eigenen Rechfertigung bedarf.

3 Unterlassungen – Warum sie gleich sind

3.1 Zur zeitlichen Einordnung von Unterlassungen

Bei naiver Betrachtung von Tun und Unterlassen scheint ein Unterschied ganz offensichtlich zu sein: Etwas zu tun dauert eine bestimmte Zeit, etwas zu unterlassen hingegen nicht. Also kann ich unendlich viele Dinge gleichzeitig unterlassen, aber nur wenige Dinge gleichzeitig tun.[45] Diese Position ist bei genauer Betrachtung aber nicht haltbar. Viele Unterlassungen brauchen sehr wohl Zeit. Wer etwa vor einer Operation zwölf Stunden nichts essen darf, braucht genau zwölf Stunden für diese Unterlassung. Ein Jahr nicht zu rauchen, dauert ein Jahr. Aber auch wer den Ertrinkenden nicht rettet, braucht eine bestimmte Zeit für seine Unterlassung – nämlich vom Moment des Hineinfallens bis zum Ertrinken. Der Unterschied scheint also nicht darin zu liegen, dass Unterlassungen keine Zeit andauern, sondern dass sie diese Zeit nicht „aufbrauchen". Der Handelnde kann während dieser Zeit immer noch etwas anderes tun. Bennett drückt dies sehr treffend aus:

> The real reason, why omissions are so numerous is that one engages in so many of them all at once: they stretch out through time just as commissions do, but they can be piled ever so much higher.[46]

Doch wenn Unterlassungen normativ relevant sind, dann muss sich jeder zu jeder Zeit für den „Stapel" seiner Unterlassungen rechtfertigen. Birnbacher schlägt aus diesem Grund vor, nicht kumuliert zu betrachten, welche Dinge ich alle nicht getan habe, sondern die einzelnen Zeitpunkte bzw. Phasen zu zählen, in denen die objektive Möglichkeit zur Handlung gegeben war und auch vom Handelnden erkannt wurde.[47] Dieser Gedanke ist aber aus zwei Gründen abzulehnen: Zum einen entlastet Birnbacher den chronischen Ignoranten zu stark. Wer völlig blind durch sein Leben läuft, würde nie etwas

---

[45] Diese Postion vertritt etwa Jonathan Glover in seinem Buch *Causing Death and Saving Lives*.
(Vgl. Jonathan Glover, *Causing Death and Saving Lives* (Harmondsworth, England: Penguin Books, 1977), 104.)

[46] Jonathan Bennet, "Morality and Consequences", *The Tanner Lectures on Human Values II*, ed. Sterling M. McMurrin (Salt Lake City: University of Utah Press, 1981), 48 – 116.

[47] Dieter Birnbacher, *Tun und Unterlassen* (Stuttgart: Reclam, 1995), 46.

unterlassen, weil seine Handlungsmöglichkeiten nie in sein subjektives Bewusstsein rücken. In diesem Fall würde die selbst verschuldete Unwissenheit vor Strafe schützen.

Zum anderen erfüllt aber Birnbachers Forderung ihren angestrebten Zweck nicht. Auch wenn die Zeitpunkte oder -räume der Unterlassungen zählbar sind, stapeln sie sich zu jedem dieser Zeitpunkte immer noch unendlich hoch. Dies führt aber zu kontraintuitiven Resultaten: Wenn A eine Woche lang jeden Morgen auf dem Weg zur Arbeit ein Kind in einem Teich ertrinken sieht, das er nicht rettet, dann hat A fünf Unterlassungen begangen. Von B, der am Sonntagmorgen ein Ruderboot mit fünf Kindern kentern sieht, müsste man nach Birnbacher genauso sagen, dass er fünf Rettungen unterlassen hat, denn er hat weder Kind 1, noch Kind 2 usw. gerettet. Selbst wenn man annimmt, dass B nicht alle Handlungen gleichzeitig ausführen konnte, sondern maximal ein Kind retten konnte, ändert dies nichts an der Tatsache, dass objektiv fünf einzelne Rettungshandlungen möglich gewesen wären und B jede dieser fünf Rettungshandlungen nicht ausgeführt hat.[48] Dies hieße aber, dass B normativ genauso zu beurteilen wäre wie A, und dieser Schluss ist unplausibel.

Dieser Konsequenz lässt sich aber entgehen, wenn man sich die Unterscheidung zwischen Dingen, die nicht getan wurden, und Unterlassungen ins Gedächtnis ruft. Das Nicht-Tun setzt lediglich eine nicht genutzte Handlungsmöglichkeit voraus. Eine Unterlassung liegt hingegen nur dann vor, wenn es ein Gebot zu handeln gibt, das nicht befolgt wird. Um festzustellen, wie viele Dinge eine Person unterlassen hat, ist also festzustellen, wie viele einzelne Handlungsgebote die Person verletzt hat. Während A jeden Morgen das Gebot, ein Kind zu retten, verletzt, verletzt B nur einmal ein Gebot, nämlich eines der fünf Kinder zu retten. B hat zwar ebenfalls fünf Möglichkeiten, ein Kind zu retten, aber die Rettung eines Kindes macht die Rettung weiterer Kinder unmöglich. Würde man für B fünf einzelne Handlungsgebote, jeweils ein Kind zu retten, formulieren, entstünde anders als bei A ein Normenkonflikt: Es sind ihm zwar fünf einzelne Handlungen geboten, aber niemand kann rational fordern, dass B alle fünf Normen befolgt. Dieser Normenkonflikt resultiert aus der Unmöglichkeit, alle Kinder zu retten, und ist daher B nicht anzulasten. Daher kann B mit Ver-

---

[48] Wem dieses Argument zu spitzfindig erscheint, der mag sich das Beispiel so abgeändert vorstellen, dass B fünf völlig verschiedene Handlungsmöglichkeiten hat, deren Wahrnehmungen sich zwar wechselseitig ausschließen, die aber ansonsten völlig unabhängig voneinander sind.

weis auf diesen Konflikt die nicht ausgeführte Rettung von vier Kindern rechtfertigen, und es ist ihm nur eine Unterlassung vorzuwerfen.[49]

Damit ist aber nicht gezeigt, dass man nur eine Sache zurzeit unterlassen kann, denn es ist durchaus möglich, dass zwei Handlungsgebote an eine Person gestellt werden, die sich nicht wechselseitig ausschließen. Wenn ich meinem Nachbarn versprochen habe, zu Hause zu bleiben, um ein Paket für ihn anzunehmen, und gleichzeitig in meiner Wohnung einen Kranken zu versorgen habe, mich dann aber entscheide, stattdessen in ein Café zu gehen, unterlasse ich zwei Dinge: die Pflege des Kranken und die Annahme des Pakets. Wie viele Handlungen eine Person zu einem gegebenen Zeitpunkt unterlässt, lässt sich also nicht von vornherein bestimmen, sondern erst, wenn geklärt ist, wie viele Handlungsnormen sie tatsächlich hätte erfüllen sollen. Die scheinbar plausible Annahme, dass der begrenzten Zahl von aktiven Handlungen eine unendlich große Zahl von Unterlassungen gegenüber steht, erweist sich als falsch: Man kann nur so viele Handlungen unterlassen, wie auszuführen möglich gewesen wäre.

3.2 Verursachung und Verantwortung

In einem anderen, weitaus wichtigeren Aspekt scheinen sich Tun und Unterlassen aber dennoch zu unterscheiden: Unterlassungen sind keine Handlungen, sondern sie sind eine Unterkategorie des Nicht-Handelns. Auf Grund dieses negativen ontologischen Status scheint es unmöglich, Unterlassungen eine kausale Wirkung zuzuschreiben, denn die kausale Wirkung müsste quasi aus dem Nichts hervorgehen – also eine „creatio ex nihilo"[50]. Dies ist insofern problematisch, als wir normalerweise die normative Verantwortung für ein Geschehen an dessen kausale Verursachung knüpfen: Wir sind genau für die Folgen unseres Handelns verantwortlich, die wir kausal verursacht haben. Man ist also in einem Dilemma gefangen: Auf der einen Seite kann man Unterlassungen keine kausale Wirkung zusprechen, auf der anderen Seite ist die normative Verantwortung für einen durch eine

---

[49] Es ist wichtig zu erwähnen, dass hier ein Konflikt fünf *gleicher* Handlungsgebote vorliegt, so dass B eine beliebige Pflicht aus diesen fünfen wählen kann. Nach welchen Maßstäben ein solcher Konflikt gelöst werden kann, wenn B verschiedene Pflichten erfüllen muss, ist eine Frage, die hier nicht diskutiert wurde. Es scheint jedoch klar, dass B in diesem Fall stets die moralisch wichtigste Handlung ausführen sollte, und dass er diese unterlässt, wenn er keine oder eine andere der in Betracht kommenden Handlungen ausführt.

[50] Dieter Birnbacher, *Tun und Unterlassen*, 66.

Unterlassung entstandenen Schaden dem Unterlasser nur dann zuzurechnen, wenn er diesen Schaden kausal verursacht hat. Wie können wir also für die Folgen unserer Unterlassung verantwortlich sein?

Diese Frage ist nicht nur akademischer Natur. Auch in der Rechtspraxis ist die kausale Verknüpfung zwischen einer Handlung und dem eingetretenen Schaden die Grundlage einer normativen Verurteilung der Tat. So wird etwa ein Schadensersatzanspruch seitens der Rechtsprechung nur dann bejaht, wenn ein „Kausalzusammenhang [...] zwischen dem schädigenden Ereignis/Verhalten und der Verletzung des gesetzlich geschützten Rechtsguts [sowie] zwischen der eingetretenen Rechtsgutverletzung und dem entstandenen Schaden [besteht]."[51]

Erstaunlicherweise sieht die Rechtssprechung keine Schwierigkeiten im Nachweis der kausalen Wirkungsweise von Unterlassungen:

> Keine Besonderheiten bestehen hinsichtlich der Zurechnung von Unterlassungen und ihren Folgen. Denn die Verpflichtung zum Schadenersatz kann nicht nur durch positives Tun, sondern auch durch Unterlassen begründet werden. Eine Unterlassung ist ursächlich, wenn pflichtgemäßes Handeln den Eintritt des Schadens mit *Sicherheit* – bloße Möglichkeit oder Wahrscheinlichkeit genügen nicht [...] – verhindert hätte.[52]

Für die juristische Praxis mag eine solche Konstatierung der kausalen Wirksamkeit von Unterlassungen genügen; bei dem Philosophen hinterlässt sie jedoch ein gewisses Unbehagen, da sich der hier verwendete Begriff von Kausalität weder mit den Alltagserfahrungen noch mit den Erkenntnissen anderer philosophischer Disziplinen – wie der Wissenschaftstheorie – deckt.

Wir folgen sowohl in der Philosophie als auch im Alltag der Intuition, dass kausale Wirksamkeit nur durch eine physikalische Wirksamkeit der beteiligten Faktoren möglich ist – etwa durch die Übertragung einer Kraft.[53]

---

[51] Walter Erman, *Handkommentar zum Bürgerlichen Gesetzbuch*, ed. Harm Peter Westermann, 9. bearb. Auflage (Münster: Aschendorff, 1993), vor § 249, Rz. 28.

[52] ibid., Rz. 39.

[53] Vgl. Hart/Honoré, *Causation in the Law* (Oxford: Clarendon Press, 1959), 27-28. Die Auffassung, dass Kausalität auf der Übertragung einer Kraft oder anderen physikalischen Größe basiert, wird von den Autoren allerdings als zu naiv und daher für die Rechtslehre ungeeignet bezeichnet.

Diese Faktoren müssen nicht zwangsläufig eine aktive Rolle übernehmen, sondern können auch passive Randbedingungen eines Ereignisses sein. So ist es beispielsweise üblich, die niedrige Temperatur für das Glatteis und damit auch für die hohe Zahl von Auffahrunfällen verantwortlich zu machen. Es ist jedoch klar, dass die Bewegungsenergie der Fahrzeuge zu den Verformungen der Karosserie geführt hat. Aber es lässt sich über das Glatteis und den verlängerten Bremsweg der Fahrzeuge leicht ein physikalischer Ablauf konstruieren, der das Ereignis rekonstruiert.

Im Falle von Unterlassungen ist dies jedoch nicht möglich. Als negative Ereignisse lässt sich ihnen keinerlei physikalische Wirksamkeit zuschreiben, und sie scheinen daher in der Tat wirkungslos. Es ist von verschiedenen Theoretikern eingewandt worden, dass zumindest in der Alltagssprache negative Ereignisse durchaus als Ursachen angesehen werden.[54] So wird etwa das Ausbleiben des Regens als die Ursache des Ernteausfalls bezeichnet. Diese Verteidigungsstrategie ist jedoch nicht Erfolg versprechend. Wenn wir in unserem täglichen Umgang negativen Ereignissen eine kausale Wirkung zusprechen, so ist dies nicht mehr als eine Metapher, die wir jederzeit ‚einlösen' können, indem wir die genaue Wirkungsweise des negativen Ereignisses positiv umformulieren. Wir können beispielsweise genau angeben, dass die ständige Verdunstung auf einem Feld zu einem Absinken des Grundwassers führt, das nicht durch Regen ausgeglichen wurde. Die eigentliche Ursache der Missernte ist also die Verdunstung, auch wenn ein Regenguss diese Verdunstung hätte ausgleichen und damit das Ereignis verhindern können. Einem negativen Ereignis eine kausale Wirkung zuzuschreiben, ist also entgegen Harts und Honorés Behauptung ein Gebrauch der Sprache, der „somehow improper" ist.[55]

Juristen haben sich vor dieser Kritik zu retten versucht, indem sie die von ihnen angenommene Kausalität als hypothetische oder als Quasi-Kausalität bezeichnet haben. Verteidiger dieser These behaupten, dass die hypothetische Kausalität nicht auf einer realen Kausalbeziehung beruhe, sondern eine Form der Zuschreibung ist. Doch dieses Argument kann das Dilemma nicht auflösen: Es ist unplausibel, den Unterlassungen eine echte kausale Wirksamkeit abzusprechen, aber einen Untätigen gleichzeitig für die *Folgen* seiner Unterlassung verantwortlich zu machen.

---

[54] Vgl. Dieter Birnbacher, *Tun und Unterlassen*, 72 und Hart u. Honoré, *Causation in the Law*, 29.

[55] Hart u. Honoré, *Causation in the Law*, 29.

Dieser Einwand ist aber recht schwach und kann bereits dadurch entkräftet werden, dass die Proponenten der Quasi-Kausalität eine ungenaue Verwendung des Begriffs „Folgen" einräumen, an der Sache selbst aber festhalten. Es ist daher lohnenswert, die beiden wichtigsten Quasi-Kausalitätstheorien des deutschen Straf- und Zivilrechts – die Äquivalenztheorie und die Adäquanztheorie - ausführlich auf ihre Plausibilität zu prüfen.

3.2.1 Die Äquivalenztheorie

Die Äquivalenztheorie verdankt ihren Namen der Tatsache, dass „jede einzelne Bedingung, die nicht hinweggedacht werden kann, ohne dass der Erfolg entfällt"[56], als gleichwertige - also äquivalente – Ursache betrachtet werden muss. Der zentrale Gedanke wurde erstmals im 19. Jahrhundert von dem österreichischen Juristen Julius Glaser in die Rechtslehre eingeführt:

> [V]ersucht man es, den angeblichen Urheber ganz aus der Summe der Ereignisse hinwegzudenken, und zeigt sich dann, daß nicht destoweniger der Erfolg eintritt, daß nicht destoweniger die Reihenfolge der Zwischenursache dieselbe bleibt; so ist klar, daß die That und deren Erfolg nicht auf diesen Menschen zurückgeführt werden können. Zeigt sich dagegen, daß, diesen Menschen einmal vom Schauplatz des Ereignisses hinweggedacht, der Erfolg gar nicht einmal eintreten konnte, oder daß er doch auf ganz anderem Wege hätte eintreten müssen: dann ist man gewiß vollkommen berechtigt, den Erfolg jenem Menschen anzurechnen, ihn als die Wirkung seiner Thätigkeit zu erklären.[57]

Dieser Sachverhalt wird oft verkürzt mit der Formel „conditio sine qua non" ausgedrückt: Der Kausalitätsbegriff wird darauf reduziert, dass ohne die Handlung des Beschuldigten der Schaden nicht eingetreten wäre. In dieser einfachen Form ist es noch nicht möglich, Unterlassungshandlungen eine kausale Wirkungsweise zuzusprechen. Wenn A beobachtet, wie B ertrinkt, dann ist es sehr einfach, A aus der Situation wegzudenken, während B weiterhin ertrinkt. Um auch Unterlassungen eine kausale Wirkung zuzuschreiben, ist daher eine wesentliche Modifikation nötig: Die modernen Fassungen betrachten nicht mehr, ob eine Person aus dem Tatzusammenhang weggedacht werden kann, sondern nur ihr pflichtverletzendes Verhal-

---

[56] Walter Erman, *Handkommentar zum BGB*, § 259, Rz. 30.
[57] Julius Glaser, *Abhandlungen aus dem österreichischen Strafrechte,* Neudruck der Ausgabe Wien 1858 (Aalen: Scientia Verlag, 1978), 298.

ten. Dies kommt sehr deutlich in dem bereits zitierten Kommentar zu § 249 BGB zum Ausdruck: „Eine Unterlassung ist ursächlich, wenn pflichtgemäßes Handeln den Eintritt des Schadens [...] verhindert hätte."[58]

Die Äquivalenztheorie wird auch von Philosophen – wie etwa Dieter Birnbacher – verteidigt. Birnbacher sieht jede für eine Folge hinreichende Gesamtursache aus verschiedenen notwendigen, aber selbst nicht hinreichenden Teilursachen zusammengesetzt. Zu diesen notwendigen, aber nicht hinreichenden Teilursachen seien aber nicht bloß die direkt an der Entstehung der folgenden Zustände und Ereignisse beteiligten zu zählen, sondern auch „eine Reihe relativ unbestimmter und nicht notwendig vollständig aufzählbarer Randbedingungen."[59] Birnbacher erklärt dies an einem einfachen Beispiel: Wenn jemand seine Hand öffnet und dabei das Stück Kreide, das er zuvor in der Hand gehalten hat, zu Boden fällt, dann wird das Öffnen der Hand als die Ursache des Zu-Boden-Fallens des Kreidestückes angesehen. Zu den nicht weiter spezifizierten Randbedingung zählen aber auch die physikalischen Grundvoraussetzungen, wie etwa die Existenz des Schwerefeldes der Erde, ohne das die Kreide nicht fallen würde. Viele dieser Randbedingungen können aber nur negativ formuliert werden: Damit die Kreide auch wirklich fällt, darf die Kreide nicht mittels eines Bindfaden an der Decke befestigt sein, es darf kein Ventilator unter der Hand einen starken Luftstrom erzeugen, der die Kreide nach oben bläst, und es darf auch kein künstliches Schwerefeld in entgegen gesetzter Richtung die Anziehungskraft der Erde neutralisieren. Es ist offensichtlich, dass die Gesamtheit dieser negativen Ursachen nicht aufzählbar sein kann, da es unendlich viele dieser negativen Randbedingungen gibt. Dennoch ist jede einzelne Randbedingung eine *conditio sine qua non*.

Die Äquivalenztheorie besitzt einige Attraktivität. Die Theorie ist einfach auf konkrete Fälle anzuwenden, und sie besitzt zumindest *prima facie* einige Plausibilität. Eine genauere Analyse der Theorie zeigt jedoch zwei unüberwindbare Schwierigkeiten. Zum einen kann sie nicht mit Fällen von konkurrierender Kausalität umgehen. Ein Fall konkurrierender Kausalität liegt vor, wenn mehrere „Ursachen auch für sich allein den Schaden herbeiführen können, [aber] alle [...] wirksam geworden [sind]."[60] In einem solchen Fall, in dem die kausale Wirkung überdeterminiert ist, lässt sich jeder

---

[58] Walter Erman, *Handkommentar zum BGB*, § 259, Rz. 30.

[59] Dieter Birnbacher, *Tun und Unterlassen*, 75.

[60] Walter Erman, *Handkommentar zum BGB*, § 259, Rz. 43.

einzelne Täter aus dem Gesamtzusammenhang wegdenken, wobei der Schaden jeweils trotzdem eintritt. Damit wäre keiner der Täter für den Schaden haftbar zu machen. Dies widerspricht aber nicht nur dem intuitiven Rechtsempfinden, sondern auch der Rechtsprechung des BGH, der in solchen Fällen nicht keinen, sondern jeden einzelnen Täter zur vollen Haftung verpflichtet sieht.[61]

Ein noch schwierigeres Problem für die Äquivalenztheorie ist jedoch die Haftungsbegrenzung. Die *conditio sine qua non* liefert in Fällen von kumulativer Kausalität kontraintuitive Ergebnisse. Unter kumulativer Kausalität versteht man in der Rechtslehre solche Fälle, in denen „der Schadenseintritt auf dem Zusammenwirken mehrerer Ursachen, die von verschiedenen Personen gesetzt sind"[62], beruht. Da gemäß der Äquivalenztheorie alle notwendigen Bedingungen gleichwertige Ursachen sind, liegt fast immer eine kumulative Kausalität vor.

Es lassen sich sehr einfach Beispiele konstruieren, die sich weder mit dem spontanen Urteil eines Laien noch mit den positiven Gesetzen in Einklang bringen lassen. So stellt der Rechtsphilosoph Hans Welzel die Frage, ob etwa Eltern für die Handlungen ihrer Kinder verantwortlich sind, weil die Geburt der Kinder eine „conditio sine qua non" für das Begehen der Straftat ist. „[D]ie Erzeugung eines Mörders müsste eine Tötungshandlung sein, da sie ein Willkürakt ist, der für den späteren Tod eines Menschen ursächlich [im Sinne der Äquivalenztheorie] wurde."[63] Die fehlende Begrenzung der Zurechenbarkeit führt zu besonders inakzeptablen Konsequenzen, wenn man Unterlassungen betrachtet. Die Verursachung eines Schadens lässt sich dann nicht auf Personen, die eine direkte Eingriffsmöglichkeit zur Verhinderung des Ereignisses hatten, beschränken, sondern trifft jeden, der durch die Wahl einer anderen Handlungsalternative – so absurd diese auch sein mag – das Geschehen hätte verhindern können. Im Beispiel des nicht geretteten Ertrinkenden wäre ein Hersteller von Rettungsringen der Verursacher des Ertrinkens, weil er nicht rechtzeitig und auf eigene Kosten einen Rettungsring am Ufer des Badesee angebracht hat, wodurch das Unglück hätte verhindert werden können. Dass Rettungsringhersteller, die ihre Produkte verschenken, in Konkurs gehen würden, ist ein Einwand, den die

---

[61] BGHZ 57, 257.

[62] Walter Erman, *Handkommentar zum BGB*, § 259, Rz 42.

[63] Hans Welzel, *Das neue Bild des Strafrechtssystems* (Göttingen: Verlag Otto Schwartz & Co., 1961), 8.

Äquivalenztheorie nicht gelten lassen kann, aber er zeigt die ganze Absurdität des „sine qua non". Eine Erweiterung der normativen Verantwortung weit über den Kreis der an dem Tatgeschehen Beteiligten hinaus führt den Gedanken der Verantwortung für eine Handlung *ad absurdum*.[64]

3.2.2 Die Adäquanztheorie

Um der Forderung nach einer Zurechnungsbegrenzung gerecht zu werden, ist die Rechtslehre – und auch die Praxis – zumindest im Zivilrecht dazu übergegangen, die Äquivalenztheorie zu verwerfen und sich auf die Adäquanztheorie zu stützen. Nach der Adäquanztheorie dürfen einer Person nur diejenigen Folgen ihres Verhaltens oder eines von ihr verschuldeten Ereignisses zugerechnet werden, die sowohl im konkreten Fall eine *conditio sine qua non* darstellen, als auch „im allgemeinen und nicht nur unter besonders eigenartigen, ganz unwahrscheinlichen und nach dem regelmäßigen Verlauf der Dinge ganz außer Betracht zu lassenden Umständen zur Herbeiführung des Erfolges geeignet [sind]."[65] Die Haftung wird also auf Fälle beschränkt, in denen der Schaden auf eine nicht unübliche Weise aus der unerlaubten Handlung entstanden ist. In der Rechtslehre wird von „den Schadenseintritt generell begünstigenden Umständen" gesprochen, wie beispielsweise in der Definition der Adäquanz von Traeger:

> Eine sich als conditio s. q. n. eines bestimmten Erfolgs erweisende Handlung oder sonstige Begebenheit ist dann adäquate Bedingung des Erfolgs, wenn sie generell begünstigender Umstand eines Erfolgs von der Art des eingetretenen ist, d.h. wenn sie die

---

[64] Dass die Äquivalenztheorie völlig ungeeignet für die Zuweisung normativer Verantwortung ist, ist deutlich in Birnbachers Ansatz zu erkennen. Obwohl er im gesamten Kapitel 3 seines Buches *Tun und Unterlassen* argumentiert, Unterlassungen als notwendige Randbedingungen für das Eintreten der Folgen anzusehen, und sie damit als Teilursachen bezeichnet, gelingt es ihm nicht, auf dieser Grundlage ein normatives Urteil zu fällen. Im Gegenteil: Birnbacher kommt am Schluss seiner Ausführungen in Abschnitt 3.2 über die kausale Wirksamkeit von Unterlassungen zu dem Ergebnis, „dass allein damit, dass ein Unterlassen von A als Kausalfaktor für das Ertrinken von B gelten kann, über eine etwaige Zuweisung *moralischer Verantwortung* nichts ausgesagt ist. (Dieter Birnbacher, *Tun und Unterlassen*, 79.) Auch im Abschnitt 3.4 „Kausale und normative Verantwortung: der Geburtshelfer-Fall" gibt Birnbacher kein eigenständiges Kriterium an, das die normative Verantwortung begründen könnte, sondern beschränkt sich auf die Kritik der Theorien von Casey und Mack.

[65] Walter Erman, *Handkommentar zum BGB*, vor § 249 Rz 32.

objektive Möglichkeit eines Erfolgs von der Art des eingetretenen generell in nicht unerheblicher Weise erhöht.[66]

Der begünstigende Umstand wird so aufgefasst, dass sich die objektive Wahrscheinlichkeit des Schadenseintritts – nicht der Grad der Erwartetheit seitens des Handelnden – durch die Handlung signifikant erhöhen muss. Es wird also zum Feststellen der Adäquanz der Vergleich mit einem Normalfall herangezogen. Dabei wird nicht das Wissen des Täters zur Tatzeit zu Grunde gelegt, sondern man geht von einer objektiven nachträglichen Prognose aus, in die „alle einem idealen Beobachter erkennbaren Umstände unter Heranziehung des gesamten zum Zeitpunkt des Schadensfalles zur Verfügung stehenden menschlichen Erfahrungswissens"[67] einfließen.

Auf Grund dieses Vergleichs mit einem Normalfall stellen Unterlassungen keine besonderen Schwierigkeiten für die Adäquanztheorie dar: Es ist für Unterlassungen genauso wie für Handlungen möglich, den tatsächlichen Verlauf mit dem fiktiven Verlauf eines Normalfalls zu vergleichen, um festzustellen, ob die Schadenseintrittswahrscheinlichkeit signifikant erhöht wurde.

Es ist offensichtlich, dass die adäquate Kausalität nur eine Teilmenge der kausalen Wirkungen umfasst. Sie schließt genau die kausalen Wirkungsweisen aus, die selten und außergewöhnlich – mitunter auch einmalig – sind. Damit unterscheidet sich die Verwendung des Begriffs der Kausalität innerhalb der Adäquanztheorie von dem alltäglichen Sprachgebrauch und dem Verständnis anderer wissenschaftlicher Disziplinen. In ihrer theoretischen Begründung kann die Adäquanztheorie sich daher auch nicht oder nur begrenzt auf Erkenntnisse der Wissenschaftstheorie und der Physik stützen. Dies wird von vielen Autoren bemängelt.[68] Dieser Kritik hält der Jurist Paul Sourlas entgegen, dass es sich bei der Adäquanztheorie keineswegs um eine Kausalitätstheorie handle, die eines theoretischen Fundaments bedürfe, sondern um eine rein normative Begrenzung des zurechenbaren Schadens.[69] Dies ist in der Rechtsprechung insofern relevant, als die

---

[66] Ludwig Traeger, *Der Kausalbegriff im Straf- und Zivilrecht* (Marburg: N. G. Elwert'sche Verlagsbuchhandlung. 1929), 159.

[67] Walter Erman, *Handkommentar zum BGB*, vor § 249 Rz. 33.

[68] Eine Übersicht über die vorgebrachte Kritik bietet Paul Sourlas, *Adäquanztheorie und Normzwecklehre bei der Begründung der Haftung nach § 823 Abs. 1 BGB* (Berlin: Dunker & Humboldt, 1976), 27.

[69] ibid., 27.

Haftungsbegrenzung durch die Einführung einer neuen Zurechnungslehre außerhalb der Findung der Tatsachen und Auslegung der Gesetze liegt und damit nicht in das Aufgabenfeld der Gerichte, sondern des Gesetzgebers fällt. Der Gesetzgeber hat sich in Deutschland aber explizit gegen eine Haftungsbegrenzung, wie sie durch die Anwendung der Adäquanztheorie erreicht wird, entschieden und sich stattdessen auf den Standpunkt des „Totalersatzes"[70] gestellt. Nach § 249 BGB muss der Haftpflichtige „den Zustand herstellen, der bestehen würde, wenn der zum Ersatz des Schadens verpflichtende Umstand nicht eingetreten wäre." Von Caemmerer bezeichnet es daher zu Recht als „etwas sehr Merkwürdiges, [dass] Rechtslehre und Praxis [...] über diese Entscheidung des Gesetzgebers einfach hinweggegangen [sind]."[71]

Die Frage, ob die Adäquanztheorie in Deutschland durch den Gesetzgeber legitimiert wurde oder erst durch das Reichsgericht eingeführt und von den bundesdeutschen Gerichten übernommen wurde, ist aus rechtsphilosophischer Sicht zweitrangig. Von größerer Bedeutung ist, inwieweit die Adäquanztheorie sowohl unseren intuitiven Urteilen entspricht als auch von der Rechtsprechung tatsächlich angewendet wird. Gerade in Bezug auf die Rechtsprechung ist dabei ein erstaunliches Phänomen zu beobachten: Obwohl die Adäquanztheorie die herrschende Meinung unter den Juristen darstellt, gibt es eine Vielzahl von Fällen, in denen die gefällten Urteile der Anwendung der Theorie in keiner Weise entsprechen. So haftet nach der Rechtsprechung beispielsweise der Verursacher eines Unfalls, wenn ein Opfer infolge des Unfalls im Krankenhaus gegen Tetanus geimpft wird und dann an einer sehr seltenen allergischen Reaktion verstirbt. Die Tatsache, dass die allergische Reaktion mit nur einer sehr geringen statistischen

---

[70] Ernst v. Caemmerer, „Das Problem des Kausalzusammenhanges im Privatrecht", *Gesammelte Schriften*, ed. Hans Leser (Tübingen: Mohr, 1968), I, 400.

[71] ibid, 400. Hart und Honoré üben die gleiche Kritik wie von Caemmerer am angelsächsischen Recht: „It may be felt wrong to treat a man as guilty of manslaughter who causes another's death by dressing up as a ghost and frightening him, even though this is a misdemeanour, or to impose the burden of compensation for vast losses on someone who has caused them by an act which is negligent only because some minor harm was its likely or foreseeable outcome. If in such cases the courts wish to do justice, and yet not openly to flout the authority of rules stated in bald causal terms, one expedient is to take such matters into account under the heading of causation and to extend this term to cover the limitations of policy thought desirable." (Hart und Honoré, *Causation in the Law*, 89.)

Wahrscheinlichkeit auftritt, ist aber eigentlich ein Grund, die Adäquanz und damit auch die Haftung zu verneinen.[72]

Die Schwierigkeiten der Anwendung der Adäquanztheorie ergeben sich daraus, dass sie versucht, durch den Rückgriff auf den Wahrscheinlichkeitsgrad eine normative Entscheidung zu rechtfertigen. So kann die Rechtspraxis, dass für leichte Kunstfehler bei einer unfallbedingten Operation der Unfallverursacher haftet, für schwere hingegen der Arzt, nicht allein dadurch gerechtfertigt werden, dass leichte Kunstfehler häufiger auftreten als schwere.[73] Die Abwägung der Wahrscheinlichkeit des Schadenseintritts ist eindeutig nicht das entscheidende Kriterium; die Berufung auf die Adäquanztheorie verdeckt in einem solchen Fall, dass die Entscheidung in Wirklichkeit auf anderen Erwägungen beruht.[74]

Dass die Anwendung der Adäquanztheorie sich als so schwierig gestaltet, liegt daran, dass sie in zweifacher Hinsicht unterbestimmt ist. Zum einen geht sie davon aus, dass die Wahrscheinlichkeit des Eintritts der Folgen in „nicht unerheblicher Weise" erhöht werden muss. Offensichtlich lässt diese Formulierung viel Spielraum bei der Einschätzung, ab welcher Wahrscheinlichkeit eine adäquate Kausalität vorliegt. Eine solche Unterbestimmtheit hinsichtlich des Ergebnisses ist aber unvermeidbar. Es ist schlichtweg unmöglich, eine Regel zu finden, die die alltagsweltlichen Vorgänge, mit denen die Rechtsprechung jeden Tag zu tun hat, mit einer mathematischen Genauigkeit aburteilt. Die Bewertung der Ergebnisse einer Regel wird man daher stets einem Richter überlassen müssen.[75]

Viel schwerwiegender ist die Unterbestimmtheit der Adäquanztheorie hinsichtlich ihrer Anwendung: Um im Rahmen der objektiven nachträglichen Prognose feststellen zu können, ob sich die Wahrscheinlichkeit des Schadenseintritts in genereller Weise erhöht hat, muss der tatsächliche Tatver-

---

[72] Der Bundesgerichtshof hat in einem ähnlich gelagerten Fall (BGH NJW 63,1971) die Adäquanz verneint, weil die Wunde nicht tetanusverdächtig war, aber erkennen lassen, dass die Entscheidung anders ausgefallen wäre, wenn die Impfung notwendig gewesen wäre. (Vgl. Paul Sourlas, *Adäquanztheorie und Normzwecklehre*, 29.)

[73] Vgl. Paul Sourlas, *Adäquanztheorie und Normzwecklehre*, 31.

[74] So scheint im obigen Beispiel das wirkliche Motiv für die Ablehnung der Haftung für grobe Kunstfehler der Gedanke zu sein, dass der Arzt durch den groben Kunstfehler einen neuen, ihm allein zuzurechnenden Kausalverlauf schafft.

[75] Dieser Sachverhalt wurde sehr treffend durch Leon Green ausgedrückt: „Bestenfalls können Regeln die Richter in die Nachbarschaft eines Problems bringen. Von dort müssen sie aussteigen und laufen." (Zitiert nach Hart u. Honoré, *Causation in the Law*, 93)

lauf mit einem fiktiven Normalfall verglichen werden. Genau hier liegt aber ein großes Problem, da die Adäquanztheorie keinerlei Kriterien anbietet, die zur Bestimmung des Normalfalls dienen können.

Auch in diesem Fall kann ein Beispiel die Problematik am besten verdeutlichen: Im berühmten Fall Thomas[76] ließen Ladearbeiter beim Beladen des Lloyddampfers Mosel eine Kiste mit der Aufschrift „Vorsicht, nicht stürzen" auf das Deck fallen. Durch eine Explosion der Kiste sank das Schiff. In der Kiste war – um eine Versicherung zu betrügen – eine „Höllenmaschine" versteckt, die durch die unsachgemäße Behandlung explodierte. Die in diesem Fall aus Sicht der Adäquanztheorie zu stellende Frage lautet also: Ist es ein generell begünstigender Umstand für das Sinken des Schiffes, wenn Arbeiter eine mit „Vorsicht, nicht stürzen" beschriftete Kiste schlecht befestigen, so dass sie vom Kranhaken rutscht?

Wenn eine als zerbrechlich oder ähnlich markierte Kiste beim Verladen auf das Deck des Schiffes fällt, so ist damit zu rechnen, dass der Inhalt der Kiste beschädigt oder zerstört wird. Die Tatsache, dass in der Kiste Explosivstoffe geschmuggelt wurden, gehört aber mit Sicherheit zu den „nach dem regelmäßigen Verlauf der Dinge ganz außer Betracht zu lassenden Umständen." Die Adäquanz wäre damit zu verneinen, und die Arbeiter würden für den Verlust des Schiffes nicht haften.

Vielleicht ist aber die Frage nach der Adäquanz in einer anderen Weise zu stellen: Gehört es nicht zu den generell begünstigenden Umständen für das Sinken eines Schiffes, wenn Arbeiter eine empfindliche Kiste mit Explosivstoffen auf das Deck fallen lassen? Diese neue Fragestellung verlangt nach einer ganz anderen Antwort. Es gehört keineswegs zu den ganz unwahrscheinlichen Verläufen, dass es zu einer Explosion kommt, die das Sinken des Schiffes zur Folge hat, wenn die Kiste mit Explosivstoffen gefüllt ist. Bei dieser zweiten Fragestellung ist die Adäquanz also gegeben.

Doch welche Fragestellung ist die richtige? Man ist geneigt, die erstere als die richtige zu betrachten, da sie doch die den Arbeitern unbekannte Tatsache, dass sich in der Kiste ein explosiver Stoff befand, außer Acht lässt. Doch dies ist voreilig, denn schließlich ist bei dem Erstellen der objektiven nachträglichen Prognose von einem optimalen Beobachter auszugehen. Einerseits hat ein optimaler Beobachter auch Einblick in verschlossene, falsch deklarierte Kisten und ist sich der Gefährlichkeit des Inhalts stets bewusst. Andererseits gehören falsch deklarierte Gefahrguttransporte hof-

---

[76] Vgl. v. Caemmerer, „Das Problem des Kausalzusammenhanges im Privatrecht", 399.

fentlich nicht zum Alltag der Hafenarbeiter, so dass das Sinken des Schiffs in Folge des Fallenlassens der Kiste als außergewöhnlich gelten muss. Was ist also der Normalfall, dem gegenüber die Wahrscheinlichkeit des Schadenseintritt wesentlich erhöht werden soll?

Die Adäquanztheorie bietet hierfür kein Kriterium. Bei geeigneter Wahl des Normalfalls kann die Adäquanz immer bejaht oder verneint werden. Die Problematik besteht, anders als bei der oben erwähnten Unterbestimmtheit, nicht in der Bewertung eines Ergebnisses, sondern in der Anwendung der Theorie selbst. Die Tatsache, dass eine Regel ein Ergebnis bietet, dessen normative Bewertung einem Richter überlassen bleiben muss, ist unvermeidlich. Wenn die Regel aber bereits hinsichtlich ihrer Anwendung unzureichend bestimmt ist, so wird sie zu einem Willkürinstrument. Das obige Beispiel zeigt, wie leicht wir versucht sind, durch die Wahl eines „geeigneten" Normalfalls die deskriptive Frage, ob die Arbeiter den Schaden adäquat kausal verursacht haben, mit der normativen Frage, ob sie für diese Verursachung haften sollen, zu vermischen. Die Art der Fragestellung dient dann nur als Deckmantel für andere – intuitive – Entscheidungskriterien. Der Sinn einer Regel wie der Adäquanztheorie ist aber gerade, die normativen Urteile zu rationalisieren und damit nachvollziehbar zu machen. Hier versagt aber die Theorie.[77]

Auch hier wiegt die Unbestimmtheit der Theorie im Zusammenhang mit Unterlassungen besonders schwer. Wer sich mit aktivem Handeln beschäftigt, der wird sich bei der Auswahl eines Normalfalls an den normalen „physikalischen" Folgen der Handlung orientieren. Dies ist aber bei Unterlassungen nicht möglich, da ihnen eine physikalische Wirksamkeit nicht zugesprochen werden kann. Im Fall von Unterlassungen wird daher das Nicht-Ausführen der Handlung mit dem vermeintlichen Normalfall, der Befolgung des in der Unterlassung mitgedachten Handlungsgebots, verglichen. Da aber gerade diejenigen Handlungen geboten sind, die geeignet sind, den Schadenseintritt zu verhindern, wird die Wahrscheinlichkeit des Schadenseintritts durch deren Unterlassung immer signifikant erhöht. Solche Unterlassungen sind daher immer adäquat kausal, wie sich auch an folgendem Beispiel zeigt: Wenn die Rettung des Ertrinkenden unterlassen wird, dann wird zur Feststellung der adäquaten Kausalität geprüft, ob die Ausführung der fiktiven Rettungshandlung geeignet war, das Ertrinken zu verhindern, und mithin die Wahrscheinlichkeit des Ertrinkens durch ihr

---

[77] Vgl. Paul Sourlas, *Adäquanztheorie und Normzwecklehre*, 31.

Ausbleiben stark erhöht wurde. Da ein Rettungsversuch überhaupt nur dann geboten ist, wenn er hinreichende Erfolgsaussichten hat, ist dies notwendig der Fall. Mithin ist also jede Unterlassung adäquat kausal und die Adäquanztheorie lässt sich daher nicht sinnvoll auf Unterlassungen anwenden.

3.2.3 Die Trennung von Verursachung und Verantwortung

Es lässt sich also zusammenfassen, dass weder die Äquivalenz- noch die Adäquanztheorie eine überzeugende Antwort für die Frage nach der normativen Zurechenbarkeit bieten können. Vielmehr muss man Ernst von Caemmerer zustimmen, der bereits in seiner Rektoratsrede von 1956 sämtliche Ansätze, die die normative Verantwortung von einer speziellen juristischen Fassung des Kausalitätsbegriffs abhängig machen, ablehnte:

> Überblicken wir die Versuche, durch Aufstellung eines besonderen Begriffes juristischer Kausalität der Schadensersatzhaftung vernünftige Grenzen zu ziehen, so müssen dieselben, wie ich glaube, alle als gescheitert angesehen werden.[78]

Hart und Honoré formulieren diese Kritik noch sehr viel deutlicher:

> [C]ausation in the law is less a concept to be analysed than a ghost to be exorcised.[79]

Man muss sich jedoch nicht auf diese Rhetorik verlassen. Es gibt gute Argumente, die für die Aufgabe der Verknüpfung von Verursachung und Verantwortung sprechen. Dem deutschen Strafrechtler Hans Welzel etwa gelingt es zu zeigen,[80] dass die kausale Verursachung eines Schadens weder eine hinreichende noch eine notwendige Bedingung für die normative Verantwortung sein kann: Wäre die kausale Verknüpfung zwischen einer Tat und einem eingetretenen Schaden eine hinreichende Bedingung für deren normative Verurteilung, so müssten alle Fahrlässigkeiten – und auch Handlungen im Rahmen des erlaubten Risikos – sanktioniert werden, wenn ein Schaden tatsächlich eintritt. Die Sanktionierung müsste sogar in solchen Fällen erfolgen, in denen es dem Täter trotz aller Anstrengungen gar

---

[78] Ernst von Caemmerer, „Das Problem des Kausalzusammenhanges im Privatrecht", 402.

[79] Hart u. Honoré, *Causation in the Law*, 3.

[80] Hans Welzel, *Das neue Bild des Strafrechtssystems* (Göttingen: Otto Schwartz & Co, 1961).

nicht möglich gewesen ist, die Gefahren vorauszusehen, die mit seinem Handeln verbunden gewesen sind. Diese Konsequenz scheint aber weder mit den normalen moralischen Intuitionen noch mit der Idee eines frei handelnden Rechtssubjekts vereinbar.

Ein weiteres Problem ergibt sich daraus, dass die kausalen Folgen prinzipiell unabgrenzbar sind. Die Kausalkette reicht unendlich weit in die Vergangenheit zurück, was dazu führt, dass die Reichweite der Folgen einer Handlung nicht mehr klar definiert werden können. Sind etwa Eltern für die Handlungen ihrer Kinder verantwortlich, weil sie diese „kausal verursacht" – also sie gezeugt, geboren und aufgezogen – haben? Bei konsequenter Auslegung der kausalen Handlungslehre müsste „die Erzeugung eines Mörders eine Tötungshandlung sein, da sie ein Willkürakt ist, der für den späteren Tod eines Menschen ursächlich wurde."[81] Dieses Problem wurde bereits im Zusammenhang mit der Äquivalenztheorie erwähnt, aber es ist keineswegs auf diese beschränkt, sondern betrifft alle Theorien, die Kausalität und Verantwortung verknüpfen möchten. Als Philosoph mag man gegen dieses Beispiel zwar einwenden, dass die Willensfreiheit der Kinder die Kausalkette unterbricht. Doch selbst wenn man bereit ist, dies einzuräumen, kann es immer noch Fälle geben – wie etwa bei Triebtätern, die nicht willensfrei handeln –, in denen die Eltern für die Handlungen ihrer Kinder verantwortlich bleiben würden, selbst wenn sie etwa durch eine Therapie versucht hätten, die Straftat zu verhindern. Die Verknüpfung von kausaler Verursachung und normativer Verantwortung in der Form, dass erstere eine hinreichende Bedingung für letztere ist, weitet daher den Bereich der normativen Verantwortung zu stark aus.

Wenn also eine kausale Verursachung eines Schadens keine hinreichende Bedingung ist, ist sie dann wenigstens eine notwendige? Auch dieses muss verneint werden, wie sich am Beispiel von Versuchsdelikten leicht zeigen lässt. Versuchte Verstöße gegen moralische oder Rechtsnormen sind schließlich solche Fälle, in denen der Erfolg der vom Täter geplanten Tat ausgeblieben ist. Folglich ist dem Täter auch keine kausale Verursachung eines Schadens nachzuweisen. Gemäß der kausalen Handlungslehre müssten diese Handlungen also sanktionsfrei bleiben. Faktisch werden diese Handlungen aber dennoch bestraft. Selbst in solchen Fällen, in denen die Täter „aus grobem Unverstand verkannt [haben], daß der Versuch [...] überhaupt nicht zur Vollendung führen konnte"[82], liegt es nach § 23 Abs. 2

---

[81] ibid., 8.
[82] Strafgesetzbuch, § 23 Abs. 2.

StGB im Ermessen des Gerichts, von der Strafe abzusehen oder sie zu mildern. Einen Rechtsanspruch auf einen Freispruch hat der Täter nicht, obwohl eine kausale Verursachung des Taterfolges auf Grund der ungeeigneten Mittel nicht einmal theoretisch möglich gewesen wäre.

Um diesen Umstand zu erklären, weist Welzel daraufhin, dass ein „Versuch [...] kein bloßer Kausalprozeß mit fehlender Wirkung [ist], sondern eine auf einen vorgesetzten Erfolg a b z i e l e n d e Handlung."[83] Es bleibe eine (nicht-kausale) Verbindung zwischen Täter und dem nicht eingetretenen Ziel der Straftat bestehen – nämlich die Zielsetzung des Täters. Und diese Zielsetzung reiche als Rechtfertigung sowohl für strafrechtliche als auch moralische Sanktionen aus. Daher könne die kausale Wirksamkeit der Handlung auch keine notwendige Bedingung für eine Verurteilung sein.

Doch wenn man dieser Argumentation folgt und die Verknüpfung zwischen kausaler Verursachung und normativer Verantwortung ablehnt, was kann dann an die Stelle des Zusammenhangs zwischen Kausalität und Verantwortung treten? Welche alternativen Kriterien lassen sich finden, um einem Handelnden eine Verantwortung für einen Schaden zuzuschreiben?

3.2.4 Die Normzwecktheorie

Zur Beantwortung dieser Frage ist es ebenfalls hilfreich, einen Blick auf die Rechtslehre zu werfen. Im Bereich des Zivilrechts gibt es eine lang anhaltende Diskussion zwischen Anhängern der herrschenden Adäquanztheorie und der relativ neuen Normzwecktheorie. Die Normzwecktheorie plädiert für eine Aufgabe der rein kausalen Betrachtung und eine Konzentration auf den Inhalt der Norm selbst:

> [Es geht] gar nicht um Kausalitätsfragen. [...] Es geht allein um den Schutzzweck und Schutzumfang der die Schadenshaftung begründenden Norm. Die Frage der Haftungsgrenzen ist daher durch die Entfaltung von Sinn und Tragweite dieser konkreten Norm zu lösen und nicht durch generelle Kausalitätsformeln.[84]

---

[83] ibid., 7. Ein „Kausalprozeß mit fehlender Wirkung" ist aus philosophischer Sicht natürlich unmöglich, wenn die Ursache als eine hinreichende Bedingung für die Wirkung gesehen wird. Welzel meint hier einen Willkürakt des Handelnden, bei dem die normalerweise zu erwartende kausale Wirkung ausbleibt.

[84] Ernst v. Caemmerer, „Das Problem des Kausalzusammenhanges im Privatrecht", 402 -403.

Nicht mehr die physikalischen Abläufe und deren Wahrscheinlichkeiten liegen im Mittelpunkt des Interesses, sondern der Zweck der Norm selbst. Die entscheidende Frage ist, ob der entstandene Schaden ein Schaden ist, der durch einen Verstoß „gegen ein den Schutz eines anderen bezweckendes Gesetz"[85] eingetreten ist. Das maßgebliche Kriterium, um einer Person die Verantwortung für einen Schaden zuzusprechen, ist nicht die kausale Folge des Schadens aus der Handlung, sondern ob der Schaden solcher Art ist, zu deren Verhinderung die Verhaltensnorm ursprünglich eingeführt wurde.

Damit verschiebt sich die Bedeutung des Wortes „Verantwortung" signifikant. Im Zusammenhang mit Kausalbeziehungen wird der Begriff oft benutzt, um ein rein deskriptives Urteil auszudrücken, wie beispielsweise in dem Satz „Das Tauwetter ist für das ungewöhnlich starke Hochwasser verantwortlich." Das Tauwetter wird hier lediglich in einen Kausalzusammenhang mit dem Hochwasser gebracht, ohne das Tauwetter in einem normativen Sinn „verantwortlich" zu machen. Das Wort Verantwortung kann aber auch in einem stark normativ geprägten Sinn verwendet werden. So ist etwa der Geschäftsführer eines Unternehmens für die Handlungen seiner Angestellten „verantwortlich". In diesem Fall soll nicht auf eine Kausalbeziehung zwischen dem Handeln des Geschäftsführers und dem seiner Angestellten hergestellt werden, sondern nur darauf hingewiesen werden, dass er rechtlich und moralisch für die Handlungen seiner Mitarbeiter einzustehen hat. Die Normzwecktheorie schreibt Verantwortung nur in diesem zweiten normativen Sinn zu.[86,87]

Die Zuschreibung dieser Verantwortung erfolgt bei der Normzwecktheorie ausschließlich auf Grundlage der Schutzfunktion der Normen. Jede Norm, unabhängig davon, ob es sich um die Beachtung eines Individualrechts oder eine weitergehende Handlungsverpflichtung handelt[88], verbietet Hand-

---

[85] Paul Sourlas, *Adäquanztheorie und Normzwecklehre*, 19 - 20.

[86] Es scheint mir sogar so, dass die klassischen Kausalitätstheorien in der Rechtslehre aus dieser Doppeldeutigkeit zumindest einen Teil ihrer Plausibilität beziehen. Doch die Behauptung, dass aus dem deskriptiven Urteil der Verantwortlichkeit bereits folgt, dass die Person auch normativ verantwortlich sei, ist ein naturalistischer Fehlschluss.

[87] Hart und Honoré diskutieren die Doppeldeutigkeit des Wortes responsibilty in Englischen und kommen zu ähnlichen Ergebnissen. (Vgl. Hart u. Honoré, *Causation in the Law*, 60-61.)

[88] Zum Verhältnis von Individualrechten und anderer Handlungspflichten, s. Abschnitt 4.1.

lungen, weil sie eine Gefährdung geschützter Rechtsgüter darstellen, oder gebietet gewisse Handlungen, um eine solche Gefährdung abzuwenden. Es liegt folglich nahe, in diesem Zusammenhang auch die Begründung der normativen Verantwortung zu sehen. Die handelnde Person haftet für den Schaden, weil sie durch den Verstoß gegen die Handlungsnorm eine Gefahr für das Rechtsgut verwirklicht, deren Vermeidung Zweck der Norm war, oder aber sie unterlässt es, eine solche Gefahr zu beseitigen, wie es von der Norm vorgesehen war. Gleichzeitig begrenzt die Normzwecktheorie die Verantwortung auf ein akzeptables Maß: Da der Handelnde nur für diejenigen Schäden haftet, zu deren Verhinderung die Norm gedacht war, kann er nicht zur Verantwortung gezogen werden, wenn der Schaden von einer Art ist, deren Vermeidung nicht Ziel der Norm ist – etwa weil die Möglichkeit dieses Schadens bis dahin völlig unbekannt und unvorhersehbar war.[89]

Um in der Praxis festzustellen, ob ein Verhalten einen Schaden nach sich zieht, dessen Vermeidung Zweck der Norm ist, müssen drei Bedingungen erfüllt sein:[90]

1. Die geschädigte Person bzw. der Personenkreis muss durch die entsprechende Norm geschützt sein. Für mittelbare Schäden Dritter, obwohl sie kausal eine Folge der Handlung sein können, kann der Handelnde nicht verantwortlich gemacht werden.[91]
2. Es muss ein Rechtsgut verletzt werden, das durch die Handlungsnorm tatsächlich geschützt wird. Mittelbare Schäden an anderen Rechtsgütern liegen nach der Normzwecktheorie nicht im Verantwortungsbereich des Handelnden.[92]

---

[89] Die Normzwecktheorie kann also sowohl die haftungsbegründende als auch die haftungsbegrenzende Anwendung klassischer Kausalitätstheorien ersetzen. Diese Unterscheidung aus der Rechtspraxis soll allerdings hier nicht weiter verfolgt werden.

[90] Vgl. Peter Sourlas, *Adäquanztheorie und Normzwecklehre*, 36 -41.

[91] So haben etwa Passanten, die durch das Ansehen eines Verkehrsunfalls einen Schock erlitten haben, keine Ansprüche gegen den Verursacher des Verkehrsunfalls. Die Verkehrsregeln dienen nur dem Schutz der unmittelbar am Verkehr beteiligten – nicht dem Vermeiden von Schockzuständen bei Dritten.

[92] Wenn beispielsweise eine Zeitung illegal erlangte Informationen über die Vermögensverhältnisse einer wohlhabenden Person publiziert und daraufhin Diebe sich das Haus dieser Person als Ziel aussuchen, kann der Zeitungsverlag nicht für den Vermögensschaden verantwortlich gemacht werden, denn das Recht auf informationelle Selbstbestimmung dient nur dem Schutz der Privatsphäre, aber nicht dem Schutz der Eigentumsrechte.

3. Es muss sich durch die Handlung eine spezifische Gefahr verwirklicht haben, zu deren Abwendung die Norm ursprünglich geschaffen wurde.[93]

Die Anwendung der Normzwecktheorie lässt sich am bereits diskutierten Fall Thomas verdeutlichen: Arbeiter hatten beim Verladen eine als zerbrechlich deklarierte Kiste fallen lassen, die daraufhin explodiert war, was zum Sinken des Schiffs führte. Nach der Normzwecktheorie können die Arbeiter nur dann für den Schaden verantwortlich gemacht werden, wenn es eine Norm gibt, die die Abwendung des Schadens zum Ziel hat. In diesem Beispiel oblag es den Arbeitern, die als zerbrechlich markierte Kiste mit Vorsicht zu behandeln. Wenn man annimmt, dass der Zweck dieser Norm der Schutz der transportierten Güter ist, dann haften die Arbeiter für das Sinken des Schiffes nicht, denn das Gebot, die transportierten Güter mit Vorsicht zu behandeln, dient nur dem Schutz der transportierten Güter selbst, nicht aber der Vermeidung außergewöhnlicher Beschädigungen am Schiff. Die Verhaltensnorm der Arbeiter schützt also nur den Eigentümer der Kiste vor Beschädigungen ihres Inhalts. Ihm gegenüber sind die Arbeiter zum Schadensersatz verpflichtet. Der Eigner des Schiffs gehört nicht zu den durch die Verhaltensnorm geschützten Personen, und die Arbeiter sind daher auch nicht zum Ersatz des Schadens am Schiff verpflichtet. Da sich der Normzweck auf den Schutz des Kisteninhalts beschränkt, sind sie für diesen Schaden nicht normativ verantwortlich zu machen.[94]

Der Fall läge sicherlich anders, wenn die Kiste korrekt beschriftet gewesen wäre. Das Gebot, eine Kiste mit der Aufschrift „Vorsicht! Explosiv!" vorsichtig zu behandeln, dient nicht nur dem Schutz des Inhalts, sondern auch dem Schutz der in der Nähe befindlichen Personen und Sachen. Bei korrekter Beschriftung müsste man den Arbeitern also auch die Verantwortung für den Untergang des Schiffs zuschreiben. Auf der Grundlage der Normzwecktheorie ist im konkreten Fall sogar der Versender, der die Kiste

---

[93] Die Helmpflicht auf Baustellen dient üblicherweise der Vermeidung von Verletzungen durch herabfallende Gegenstände. Wird einer der Handwerker durch ein großes Hagelkorn verletzt, obwohl dieses durch das Tragen eines Helmes zu vermeiden gewesen wäre, so ist dieser Schaden dennoch nicht dem Arbeitgeber zuzurechnen, der keine Helme zur Verfügung gestellt hat, da die Norm nicht den Zweck hat, die Arbeitnehmer vor Wetterschäden zu schützen.

[94] Genauer gesagt sie sind nur für den Schaden verantwortlich, der durch das Aufschlagen der Kiste auf das Deck verursacht wurde, aber nicht für die Sekundärschäden durch die Explosion.

falsch deklariert hat, um darin Gefahrgut zu schmuggeln, für das Sinken des Schiffes verantwortlich zu machen: Das Gebot, Gefahrgüter ordnungsgemäß zu deklarieren, dient gerade der Vermeidung solcher Unfälle, wie sie durch unsachgemäße Behandlung des Gefahrgutes entstehen. Es hat sich also ein Schaden verwirklicht, dessen Vermeidung Zweck einer Handlungsnorm ist. Damit ist der Schmuggler normativ für den Schaden verantwortlich. In diesem Beispiel liefert die Normzwecktheorie also sehr viel plausiblere Ergebnisse als die Äquivalenz- oder Adäquanztheorie.

Dennoch bleibt auch bei der Anwendung der Normzwecktheorie ein gewisser Spielraum, denn ihre Anwendung macht es notwendig, den Schutzzweck einer Norm zu bestimmen. Sie setzt also eine „teleologische Auslegung der Norm"[95] voraus, die zu sehr verschiedenen Ergebnissen führen kann. Dies kann zu dem Verdacht führen, die Normzwecktheorie sei in ähnlich fataler Weise unterbestimmt wie die Adäquanztheorie. Doch diese Befürchtung ist unbegründet. Es ist zwar richtig, dass eine genauere Bestimmung des Schutzzwecks von Normen notwendig ist, aber dies ist zumindest im positiven Recht weitgehend unproblematisch. Sollte in einem Bereich des Rechts eine Unklarheit hinsichtlich des Schutzzwecks einer Norm bestehen, so hat der Gesetzgeber jederzeit die Möglichkeit, diesen Zweck durch eine Präzisierung des Gesetzes zu klären. Dies trifft jedoch nur auf das positive Recht zu. In der (nicht-religiös geprägten) Moral gibt es keine oberste Instanz, die solche Fragen autoritär beantworten könnte. Dennoch ist eine rationale Auseinandersetzung über die Anwendung der Normzwecktheorie sehr viel einfacher zu führen als über die der Adäquanztheorie. Bei der Adäquanztheorie resultierte die Unterbestimmtheit aus der Beziehung des konkreten Falls auf einen fiktiven Normalfall. Für die Teilnahme an der Diskussion ist daher die genaue Kenntnis des konkreten Falls und all seiner Umstände notwendig, und die Diskussion muss daher für jeden Fall erneut geführt werden. Die Normzwecktheorie hat es hier deutlich einfacher: Der Schutzzweck einer moralischen Norm kann von einem konkreten Fall abstrahiert diskutiert werden. Ein Konsens, der in dieser Diskussion erreicht wird, lässt sich dann sehr einfach auf die konkreten Fälle anwenden. Die Normzwecktheorie ist daher nicht nur hinsichtlich ihrer theoretischen Grundlage anderen Zurechnungstheorien überlegen, sondern sie ist auch hinsichtlich ihrer Einführung in ein moralisches Wertesystem ökonomischer.

---

[95] Paul Sourlas, *Adäquanztheorie und Normzwecklehre*, 41.

Die eigentlichen Vorteile der Anwendung der Normzwecktheorie als entscheidendes Zurechnungskriterium zeigen sich aber im Zusammenhang mit Unterlassungen. Die konzeptuelle Analyse von Unterlassungen hat zu einer Definition geführt, wonach eine Unterlassung die Nicht-Ausführung einer durch eine Norm gebotenen Handlung ist. Wenn also im Begriff der Unterlassung bereits der Verstoß gegen eine Norm enthalten ist, dann lässt sich die Normzwecktheorie trotz des negativen ontologischen Status von Unterlassungen ganz analog zu der Zurechnung von Handlungsfolgen anwenden: Wir sind genau für diejenigen Folgen unserer Unterlassungen verantwortlich, zu deren Abwendung das Handlungsgebot besteht.

Auch hier kann die Betrachtung eines Beispiels helfen: Wenn A beispielsweise den Ertrinkenden B nicht aus einem Swimmingpool rettet, so ist dessen Tod durch Ertrinken dem A zuzuschreiben, denn das Hilfeleistungsgebot, gegen das A verstoßen hat, ist genau zu dem Zweck eingeführt worden, andere Personen aus einer konkreten Gefahr zu retten. Für weitere Folgen, die der Tod des B nach sich zieht, kann A weder haftbar gemacht noch bestraft werden.[96] Wenn beispielsweise der Leichnam die Umwälzpumpe beschädigt oder das Poolwasser in Folge des Todesfalls gewechselt werden muss, so kann dies nicht A zugerechnet werden, denn das Gebot, Ertrinkende zu retten, hat nicht den Zweck, die Reinheit und Funktionsfähigkeit des Swimming-Pools zu sichern.

Der Vorteil der Normzwecktheorie beschränkt sich aber nicht darauf, dass sich mit ihrer Hilfe die normative Verantwortung für Unterlassungen besser rechtfertigen lässt, sondern sie bildet unsere intuitiven moralischen Urteile besser ab als die Quasi-Kausalitätstheorien dies tun. Dies wird besonders im Vergleich zwischen echten und unechten Unterlassungen deutlich: So hängt das intuitive moralische Urteil über das Verhalten von A entscheidend davon ab, welcher Art das Handlungsgebot ist, das A mit seiner Unterlassung verletzt hat. Ist A ein weiterer Besucher des Schwimmbades, dem nur eine allgemein-menschheitliche Handlungspflicht, A zu retten, zukommt, dann wird man seine Verantwortung für den Tod des B geringer einschätzen, als wenn A der Bademeister ist, der auf Grund seiner Garantenstellung die Sicherheit des Schwimmers B zu gewährleisten hat. Diese unterschiedliche normative Bewertung kann weder die Äquivalenz- noch die Adäquanztheorie erklären. Unter der Voraussetzung, dass die Rettung

---

[96] Ausnahmen im deutschen Recht sind die Ansprüche mittelbar Geschädigter, wenn es sich um Personen handelt, die einen gesetzlichen Unterhaltsanspruch gegenüber dem Getöteten hatten.

auch durch einen Laien wie A hätte geleistet werden können, ist die unterlassene Hilfeleistung in beiden Fällen eine *conditio sine qua non*, so dass es sich in beiden Fällen um eine äquivalente Bedingung für den Tod des B handelt. Auch die Wahrscheinlichkeit, dass B ertrinkt, ist in beiden Fällen durch die unterlassene Hilfeleistung signifikant erhöht worden, so dass der Tod auch eine adäquate Folge der unterlassenen Hilfeleistung ist. Nur durch einen Rückgriff auf die Normzwecktheorie lässt sich das unterschiedliche normative Urteil erklären: Die allgemein-menschheitliche Tätigkeitspflicht, eine konkrete Gefahr für Leib und Leben anderer abzuwenden, hat die Vermeidung einer Vielzahl von möglichen Unglücken zum Zweck. Darunter fällt auch die Rettung eines Ertrinkenden, aber dies ist nicht der spezielle Zweck der Einführung dieser Norm. Die Position des Bademeisters wird hingegen eigens im Hinblick auf die Vermeidung von Badeunfällen geschaffen. Seine Handlungspflichten haben nichts anderes als die Vermeidung von Badeunfällen zum Zweck. Mithin ist seine Verantwortung auch größer, wenn er seine Handlungspflichten verletzt und sich der Schaden verwirklicht, dessen Verhinderung seine Aufgabe war.

Die Normzwecktheorie ist also nicht nur hinsichtlich ihres theoretischen Fundaments und ihrer Anwendbarkeit auf Unterlassungen der Äquivalenz- und Adäquanztheorie überlegen, sondern sie bildet auch unser intuitives Rechtsempfinden besser ab. Daher ist es doppelt bedauerlich, dass die Normzwecktheorie nicht die herrschende Meinung unter Juristen darstellt. Während sich in Österreich die der Normzwecktheorie sehr ähnliche Lehre vom Rechtswidrigkeitszusammenhang[97] durchsetzen konnte, ist in Deutschland die Adäquanztheorie nach wie vor herrschende Meinung. Die Normzwecktheorie wird allenfalls ergänzend angewendet. Lediglich bei Schadensersatzforderungen aus der Verletzung von Schutzgesetzen ist ihre Anwendung Standard. Es bleibt aber zu hoffen, dass die Vertreter der Normzwecktheorie sich langfristig durchsetzen werden und die Normzwecktheorie in Deutschland allgemein herrschende Lehre wird.

Damit lässt sich am Ende dieses Kapitels festhalten, dass Unterlassungen sich nicht grundsätzlich von Handlungen unterscheiden. Der Abschnitt 3.1 hat gezeigt, dass keineswegs eine kleine Zahl von aktiven Handlungen einer unendlichen Anzahl von Unterlassungen gegenüber steht. Sowohl die

---

[97] Ein Vergleich zwischen Normzwecktheorie und der Lehre vom Rechtswidrigkeitszusammenhang findet sich bei Paul Sourlas (Vgl. Paul Sourlas, *Adäquanztheorie und Normzwecklehre*, 21 - 24.)

Zahl der aktiven Handlungen als auch der Unterlassungen, die wir zu einem Zeitpunkt begehen können, ist begrenzt.

Die sicherlich wichtigste Erkenntnis betrifft aber die kausale Wirksamkeit von Unterlassungen. Es muss zwar eingeräumt werden, dass sie sich von Handlungen darin unterscheiden, dass ihnen keine echte kausale Wirksamkeit zukommt. Der Schluss, dass Unterlassungen aus diesem Grunde normativ irrelevant sind, ist trotzdem falsch: Es hat sich vielmehr gezeigt, das die Verknüpfung von Verursachung und Verantwortung aufzugeben ist. Mit der Normzwecktheorie steht aber eine Alternative bereit, die die Verantwortungszuschreibung für Handlungen, insbesondere Fahrlässigkeits- und Versuchsdelikte, und für Unterlassungen besser erklären kann.

Die bisherige Darlegung hat gezeigt, dass die Qualifizierung einer Handlung als Tun oder Unterlassen noch kein Präjudiz für deren normative Bewertung darstellt. Ein normativer Unterschied lässt sich erst entdecken, wenn man die Bewertung von Unterlassungen innerhalb eines Rechtssystems genauer untersucht.

4 Unterlassungen – Warum sie anders sind

4.1 Einige Vorbemerkungen zum Begriff des Rechts

Um dem Titel der Arbeit gerecht zu werden und eine „normative Unterscheidung [von Tun und Unterlassen] auf der Grundlage einer rechtebasierten Ethik" zu entwickeln, ist es notwendig, der eigentlichen Argumentation zur Unterscheidung von Tun und Unterlassen einige Vorbemerkungen zu der hier verwendeten Rechtstheorie voranzustellen.

Die erste und wichtigste Aufgabe der Entwicklung einer solchen minimalistischen Rechtstheorie ist, den Begriff des „Rechts" näher zu spezifizieren. Der Begriff ist zunächst vom positiven Recht, also dem System der (kontingenterweise) in einem Staat geltenden Gesetze, zu unterscheiden. In einer rechte-basierten Ethik geht es vielmehr um Individualrechte – also Rechte, die einzelnen Individuen zugesprochen werden und die sie gegen andere Mitglieder der Gesellschaft geltend machen können.[98]

Der Begriff des Individualrechts ist in gewisser Weise ein Opfer seines eigenen Erfolgs geworden: Auf der einen Seite gibt es heute praktisch keine politische oder soziale Gruppe mehr, die die Existenz von Individualrechten – wie etwa den Menschenrechten – bestreitet. Die Uneinigkeit besteht vornehmlich darin, welche Rechte unter den Begriff Menschenrechte fallen und inwieweit diese durch den Staat zu welchem Zweck beschränkt werden dürfen. Auf Grund dieser weitgehenden Akzeptanz der Menschenrechte wird aber immer wieder versucht, auch andere ethische Forderungen als eine Forderung des Rechts zu formulieren, um ihnen so eine stärkere normative Kraft zu verleihen. So wird etwa vielfach von Schwulen- oder Frauenrechten und dem Recht auf Bildung gesprochen. Dies hat dazu geführt, dass der Begriff des Individualrechts relativ unscharf geworden ist.

Es ist aber an dieser Stelle weder sinnvoll noch möglich, eine umfassende Theorie einer rechte-basierten Ethik zu entwickeln. Die Darstellung des Rechtsbegriffes soll sich daher darauf beschränken, nur zwei Eigenschaften herauszuarbeiten, die ausreichend sind, die normative Unterscheidung zwischen Tun und Unterlassen zu rechtfertigen. Von diesen beiden Bedingungen soll dann gezeigt werden, dass sie Minimalforderungen sind, das heißt

---

[98] Damit sind die Individualrechte, von denen hier gesprochen wird, auch nicht identisch mit den durch die Verfassung geschützten Grundrechten. Die direkte Wirkung der Verfassung ist auf das Verhältnis zwischen dem Staat und seinen Bürgern beschränkt. Die Rechtsbeziehungen zwischen den Bürgern regelt sie nur indirekt durch die Rahmenbedingungen, die sie dem Gesetzgebungsprozess auferlegt.

dass sie mit einer Vielzahl von Ethiken kompatibel sind, die Individualrechte anerkennen.

Zunächst ist festzuhalten, dass ein Recht nicht als eine Eigenschaft einer einzelnen Person, sondern als ein Verhältnis zwischen Personen verstanden werden muss. So wird nach Alexy eine Rechtsbeziehung durch ein dreistelliges Prädikat ausgedrückt: Der Träger eines Rechts hat gegenüber dem Adressaten ein Recht auf die Ausführung oder die Unterlassung einer Handlung.[99] Die Rechte, die im Rahmen der rechte-basierten Ethik gewährt werden sollen, bestehen also ausschließlich „in personam" und nicht „in rem": Rechte definieren nicht das Verhältnis zu einer Sache oder einem abstrakten Gegenstand wie „dem Leben" oder „der körperlichen Unversehrtheit", sondern sie beziehen sich ausschließlich auf das Verhältnis zwischen Personen. Dieses Verständnis ist sowohl bei deutschen als auch bei angelsächsischen Juristen die herrschende Meinung und wird auch unter Philosophen im Anschluss an Kants Explikation des Rechtsbegriffs weitgehend akzeptiert.[100] Eine abweichende Auffassung wird allerdings von einigen Utilitaristen – wie beispielsweise Peter Singer - vertreten, wo ein Recht lediglich als ein besonders schützenswertes Interesse und damit als auf einen Gegenstand gerichtet aufgefasst wird. Diese Minderheitsmeinung hat zwar für utilitaristische Theorien den Vorteil, dass sie es erlaubt, auch im Rahmen einer utilitaristischen Theorie von Rechten zu sprechen. Es fehlen allerdings bisher Ansätze, um damit weitere Probleme der Rechtsdogmatik zu lösen. Es drängt sich daher der Verdacht auf, dass Utilitaristen wie Singer sich lediglich der populären Terminologie der Rechte bedienen, ohne die – für eine utilitaristische Theorie vernichtenden – Konsequenzen aus der Konzeption der Rechte zu ziehen.

---

[99] Robert Alexy, *Theorie der Grundrechte* (Frankfurt am Main: Suhrkamp, 1994), 171-172. Im Bereich des angelsächsischen Rechts vertritt Wesley Newcomb Hohfeld die gleiche Position. (Wesley Newcomb Hohfeld, *Fundamental legal conceptions as applied in judicial reasoning*, ed. Walter Wheeler Cook (Westport, CT: Greenwood Press, 1964).)

[100] Immanuel Kant, *Metaphysik der Sitten*, 247, 260, 274. Eine abweichende Interpretation des Rechtsbegriffs wird allerdings von einigen Utilitaristen vertreten, wie beispielsweise Peter Singer. Hier wird ein Recht als ein besonders schützenswertes Interesse hinsichtlich einer Sache interpretiert. Diese Auffassung erlaubt es auch Utilitaristen, Rechte anzuerkennen, ist aus Sicht der Rechtsdogmatik aber nicht haltbar. (Peter Singer, *Practical Ethics* (Cambridge: Cambridge University Press, 1979))

Akzeptiert man die Definition der Rechte als ein Verhältnis zwischen Personen, so lässt sich im Anschluss an Jellineks Grundrechtslehre[101] eine weitere Einteilung der Rechte vornehmen, wenn man seine Aussagen zu den Grundrechten – also Rechten gegen den Staat – auf die allgemeinen, gegen jedermann gültigen Rechte einer rechte-basierten Ethik überträgt. Jellinek teilt die Grundrechte in drei Status ein: den *status negativus*, *status positivus* und den Status der aktiven Zivität.[102] Die Grundrechte des negativen Status schützen das Individuum vor dem Herrschaftsanspruch des Staates. Sie garantieren dem Individuum die freie Betätigung der eigenen Person und schützen diese vor unzulässigen Eingriffen. Sie werden daher oft als Abwehrrechte oder Freiheitsrechte gegenüber dem Staat bezeichnet. Sie bilden den traditionellen Katalog der Grundrechte in den modernen Verfassungen (Pressefreiheit, Religionsfreiheit etc.). Ihr Kern wird durch die amerikanische *Bill of Rights* ausgedrückt, die für jeden Menschen „the right to life, liberty and the *pursuit* of happiness" fordert.

Der moderne Staat ist aber nicht nur eine potentielle Bedrohung für die Freiheiten des Einzelnen. Er hat auch die Förderung und den Schutz seiner Bürger zu seinen Zielen gemacht. Dem Individuum werden diese Funktionen durch die Gewährung von Leistungsrechten, wie etwa dem Recht auf

---

[101] Georg Jellinek, *System der subjektiven öffentlichen Rechte* (Aalen: Scientia Verlag, 1964), 85ff..

[102] Jellinks ursprüngliche Einteilung sieht sogar vier *status* vor: Neben den drei oben genannten kommt noch der *status passivus* vor, der „die die Basis aller staatlichen Wirksamkeit bildende Unterwerfung unter den Staat" (ibid.) darstellt. Jellinek bezeichnet ihn daher auch als *status subjectionis*. Er berechtigt den Staat, das Individuum zu beherrschen, und verpflichtet es, seine Selbstbestimmung nur innerhalb der durch Gesetze gezogenen Grenzen auszuüben. In der modernen Grundrechtstheorie, wo Grundrechte vor allem als Schutzrechte vor der Allmacht des Staates verstanden werden, spielt der *status passivus* allerdings keine Rolle mehr. Er wird von den meisten Autoren nicht einmal mehr erwähnt (s. Michael Sachs, *Kommentar zum GG* (München: Verlag C.H. Beck, 2003), Vor Art. 1, 24; Jürgen Schwabe, *Probleme der Grundrechtsdogmatik* (Darmstadt, 1977), 10.) Einen Versuch zur Klärung der Rechte des *status passivus* unternimmt Alexy (ibid., 230).

Der *status passivus* kann für den hier unternommen Versuch, die Jellinekische Einteilung der Grundrechte auf die basalen Rechte einer rechte-basierten Ethik zu übertragen, außer Acht gelassen werden, da der Träger eines Rechts zur Herrschaft nur der Staat sein kann, denn die Vorstellung, dass Individuen untereinander eine Pflicht zum Gehorsam haben, ist mit der liberalen Idee gleicher Freiheit, die die Grundlage der rechte-basierten Ethik bildet, nicht vereinbar.

Sozialhilfe oder dem Recht auf eine schulische Ausbildung[103], zugänglich gemacht. Auch innerhalb der praktischen Philosophie spielen Anspruchsrechte auf staatliche Leistungen eine Rolle – wie etwa in Rawls' Theorie der Gerechtigkeit. Rechtsdogmatisch lassen sich diese Anspruchs- oder Leistungsrechte unter den *status positivus* einordnen.

Die dritte Statusgruppe umfasst die Rechte zur Partizipation im Staat. Als Prototyp eines Rechts dieser Gruppe können das aktive und das passive Wahlrecht gelten, das dem Bürger die Möglichkeit zur aktiven Mitgestaltung der Regierung sichern. Aber auch das Recht, Beamter oder Richter zu werden, gehört dieser Gruppe an.[104] Diese dritte Gruppe bezeichnet Jellinek als die Rechte des *status activus* oder Status der aktiven Zivität. Modern kann man sie als Partizipationsrechte bezeichnen.

Diese Einteilung der Grundrechte in verschiedene Kategorien lässt sich gewinnbringend in die Ethik übertragen: Der Unterschied liegt darin, dass der Adressat dieser „Grundrechte" in der Ethik nicht mehr der Staat ist, sondern das Individuum. Dieser Sprung mag auf den ersten Blick sehr groß erscheinen, da die gesamte Grundrechtstheorie auf den Gedanken aufbaut, dass die durch das Grundgesetz garantierten Rechte das Verhältnis zwischen Bürger und Staat regeln und allenfalls mittelbar durch ihre rechtlichen Vorgaben für den Gesetzgeber zwischen den Bürgern wirksam werden. Eine direkte Wirksamkeit der Grundrechte zwischen den Bürgern soll aber an dieser Stelle gar nicht behauptet werden. Im Gegenteil: Die Rechte, die die Grundlage einer rechte-basierten Ethik bilden könnten, werden weder in ihrer Extension noch in ihren Schutzzwecken mit den Grundrechten übereinstimmen. Dies wird etwa deutlich am Recht auf Gleichheit vor dem Gesetz, wie es in Artikel 3 des Grundgesetzes festgeschrieben ist: Von einem Individuum kann eine Gleichbehandlung aller Mitmenschen nicht sinnvoll gefordert werden, da das Recht, zwischen ihnen zu „diskriminie-

---

[103] Das Recht auf eine schulische Ausbildung ist nicht zu verwechseln mit dem diffusen „Recht auf Bildung", wie es immer wieder von protestierenden Studenten gefordert wird, sondern resultiert nach dem Satz „Sollen impliziert Können" direkt aus der Schulpflicht.

[104] Die Doppeldeutigkeit dieses Satzes macht vielleicht den Unterschied zwischen dem *status positivus* und dem *status activus* deutlich: Das Recht zur Verbeamtung ist kein Anspruchsrecht, das die Anstellung als Beamter garantiert - genauso wenig wie das passive Wahlrecht einen Anspruch darauf enthält, auch tatsächlich gewählt zu werden. Es garantiert lediglich, dass eine Bewerbung auf ein entsprechendes Amt nicht schon aus formalen Gründen scheitert.

ren" – im ursprünglichen Sinn des Wortes –, eines seiner fundamentalen Freiheitsrechte ist. Um diese Unterscheidung zwischen den verfassungsmäßig garantierten Rechten und den grundlegenden Rechten einer rechtebasierten Ethik zu verdeutlichen, sollen letztere als „basale Rechte" bezeichnet werden. Doch trotz dieser gewichtigen Einschränkung lassen sich – wie sich im Folgenden zeigen wird – die gewonnenen rechtsdogmatischen Erkenntnisse auf die basalen Rechte, die das Fundament einer rechtebasierten Ethik bilden, übertragen.

An dieser Stelle kann kein abgeschlossener Katalog der basalen Rechte einer rechte-basierten Ethik entwickelt werden. Ein solcher Katalog würde einerseits den Rahmen dieser Arbeit sprengen und ist andererseits für die Rechtfertigung der normativen Unterscheidung von Tun und Unterlassen, wie sie in dieser Arbeit entwickelt werden soll, auch nicht notwendig. Doch auch ohne einen konkreten, mit dem Grundgesetz vergleichbaren Katalog an basalen Rechten vorliegen zu haben, lässt sich Jellineks Einteilung der Rechte analog auf die basalen Rechte einer rechte-basierten Ethik übertragen, da diese einen ähnlichen rechtsdogmatischen Status wie die Grundrechte haben.

Mit der Feststellung einer prinzipiellen Übertragbarkeit der Einteilung ist allerdings noch nicht festgelegt, ob die basalen Rechte einer rechtebasierten Ethik sich über alle drei Kategorien verteilen, oder ob durch den Wechsel vom Staat als Adressaten zum Individuum eine oder mehrere Kategorien leer bleiben. Dies scheint zumindest für die Partizipationsrechte wahrscheinlich: Auch wenn man an der grundsätzlichen Einteilung Jellineks festhält, ist es keineswegs selbstverständlich, dass die Individuen als Träger der basalen Rechte bereits ein Recht zur Partizipation haben: Wenn die basalen Rechte in der liberalen Tradition als vorstaatliche Rechte verstanden werden, dann ist unklar, woran die Individuen überhaupt partizipieren sollen. Die Rechte zur Partizipation am Staat sind – zumindest nach dem klassischen Vertragsmodell – erst im Gesellschaftsvertrag festgeschrieben, der Verfassung. Sie gehören daher zum positiven Recht und nicht zu den basalen Individualrechten einer rechte-basierten Ethik. Auf der anderen Seite scheint die kommunitaristische Kritik nicht völlig unplausibel, dass es ein vorstaatliches Recht zur Teilhabe an einer Gesellschaft gibt, so dass eine Gesellschaft, die ihren Mitgliedern zwar alle erdenklichen Freiheits- und Leistungsrechte garantiert, ohne aber ihnen eine Möglichkeit der Mitbestimmung einzuräumen, die basalen Rechte ihrer Bürger verletzt.

Ebenso unklar bleibt, ob der Katalog der basalen Rechte auch Rechte des *status positivus* umfasst. In einem Rechtssystem, das ohne die Rechte des

65

status positivus auskommt, haben die Individuen keine Ansprüche auf wechselseitige Leistungen, die sie auf ihre basalen Rechte zurückführen können – obwohl es ihnen jederzeit freisteht, entsprechende Verpflichtungen im Rahmen von explizit geschlossenen Verträgen zu übernehmen. Ein solches „ultra-liberales" Modell[105] maximiert die individuelle Freiheit auf Kosten einer sozialen Absicherung. Ob es als ein System der basalen Rechte attraktiv erscheint, hängt ganz wesentlich von der Risikobereitschaft der Individuen ab. Aus Sicht der Rechtstheorie ist ein solches Rechtssystem, das ohne Leistungsrechte auskommt, auf jeden Fall möglich.

Beim *status negativus* ist dies nicht der Fall: Ein Rechtssystem, das keine Abwehrrechte anerkennt, scheint bereits logisch unmöglich, denn die Rechte des *status positivus* und *activus* implizieren bereits ein Recht des *status negativus*. Das Gewähren eines Leistungs*rechts* impliziert bereits, dass es dem Träger des Rechts freigestellt bleibt, ob er die durch das Recht garantierte Leistung tatsächlich in Anspruch nehmen will. Auch das passive Wahlrecht zwingt nicht zur Kanditatur: Die Freiheit zu kandidieren bleibt beim Träger des Rechts. Doch selbst wenn man diese impliziten Freiheitsrechte außer Acht lässt, scheint eine rechte-basierte Ethik, die auf Freiheitsrechte verzichtet, unmöglich: Eine rechte-basierte Ethik ist so eng mit dem Konzept individueller Freiheiten verknüpft, dass ein Verzicht auf die Rechte des *status negativus* den Kern der Theorie aufgeben müsste. Sie würde lediglich die Terminologie, nicht aber die grundlegenden Merkmale einer rechte-basierten Ethik übernehmen.

Insofern kann man eine rechte-basierte Ethik, die den Individuen ausschließlich Freiheitsrechte zuerkennt, als eine minimale Theorie bezeichnen. Sie enthält nur Forderungen, die für eine rechte-basierte Ethik notwendig sind. Auf der anderen Seite legt sie sich nicht hinsichtlich möglicher Anspruchs- und Partizipationsrechte fest. Die Behauptung, dass die Träger von Rechten mindestens Träger von Abwehrrechten sind, schließt nicht aus, dass sie darüber hinaus Träger weiterer Anspruchs- und Partizipationsrechte sind. Insofern ist die hier dargestellte Position nicht nur in einem logischen Sinne minimal, sondern stellt auch normativ minimale Forderungen. Wenn es also gelingt, die normative Unterscheidung von Tun und Unterlassen ausschließlich unter Rückgriff auf Rechte des *status negativus* zu rechtfertigen, so ist diese Rechtfertigung in jeder rechte-basierten Ethik gültig.

---

[105] Einen Gesellschaftsentwurf dieser Art liefert etwa Robert Nozick in State, Anarchy and Utopia (R. Nozick, *State Anarchy and Utopia* (Oxford: Basil Blackwell, 1988).

Auch hinsichtlich der Letztbegründung der basalen Rechte ergeben sich durch diese Beschränkung einige Vorteile: Im Gegensatz zu Anspruchsrechten machen Freiheitsrechte nur sehr schwache Annahmen über das „gute Leben". Wie jemand, der mit einer Vielzahl von Abwehrrechten ausgestattet ist, sein Leben letztendlich gestaltet, bleibt ihm selbst überlassen. Er kann selbst entscheiden, ob er diese Rechte ausüben will.[106] Auch wer ein Anspruchsrecht hat, kann zwar auf die Ausübung dieses Rechts verzichten und den anderen von seiner Handlungspflicht befreien. Allerdings gewinnt er dadurch keinen Entscheidungsfreiraum, denn er selbst muss weiterhin die Handlungspflichten, die aus den Anspruchsrechten anderer entstehen, erfüllen. Ein solcher einseitiger Verzicht ist also aus der Sicht des Einzelnen irrational, denn dieser bleibt trotz seines Verzichts auf die eigenen Vorteile fremdbestimmt. Daher beeinflusst ein System wechselseitiger Anspruchsrechte das Leben der Rechtssubjekte weitaus stärker als wechselseitige Abwehrrechte. Es kommt – wie Dieter Birnbacher es treffend ausdrückt – zu einer „moralbedingten Heteronomie".[107]

Um eine solche Heteronomie zu rechtfertigen, braucht eine Moraltheorie eine Rechtfertigungsstrategie, die starke Annahmen darüber macht, wie ein gutes Leben aussehen soll, denn es ist möglich, dass die Ziele des moralischen Systems mit den (momentanen) Interessen der Betroffenen in Konflikt geraten und paternalistisch durchgesetzt werden müssen. Die Akzeptanz von Abwehrrechten schließt hingegen jegliche Form von Paternalismus aus. Sie ist aus diesem Grunde mit einer Vielzahl von moralischen Theorien kompatibel. So wird ein Gesellschaftsideal, das sich auf Abwehrrechte stützt, nicht nur von Libertariern und Kantianern vertreten, sondern ist auch für Utilitaristen und Aristoteliker akzeptabel. Zumindest einige Utilitaristen erkennen an, dass die Abwehrrechte einen Freiraum garantieren, innerhalb dessen jedes Individuum seine eigenen Zwecke verfolgen kann. Da jedes Individuum für sich am besten abschätzen kann, was seinem Glück dienlich ist, maximiert die Anerkennung der Rechte letztendlich dem Glückskalkül. Für den Aristoteliker bietet die durch die Rechte garantierte Handlungsfreiheit einen Raum zur vollen Entfaltung der menschlichen Fähigkeiten und für das freiwillige tugendhafte Handeln. Die Akzeptanz eines Systems wechselseitiger Abwehrrechte ist daher weitgehend unabhängig

---

[106] Der Artikel 12 GG garantiert etwa das Recht auf freie Ausübung des Berufs und verbietet gleichzeitig die Zwangsarbeit. Ob ein Bürger also tatsächlich arbeitet, bleibt seiner autonomen Entscheidung überlassen.

[107] Birnbacher, *Tun und Unterlassen* (Stuttgart: Reclam, 1995), 277.

von einer Letztbegründung dieser Rechte. Für die Darstellung der normativen Unterscheidung ist es ausreichend anzunehmen, dass es Abwehrrechte gibt, ohne eine Aussage machen zu müssen, wie diese zu rechtfertigen sind.[108]

Schließlich gibt es noch einen pragmatischen Grund, der die Beschränkung auf Abwehrrechte attraktiv macht: Ein Abwehrrecht spiegelt genau den Begriff von Recht wider, wie ihn klassische Liberale wie Kant oder Locke verwendet haben. Eine Gesellschaft, die allen Mitgliedern ein gleiches Maximum an Abwehrrechten gewährt, entspricht der Kantischen Idee des allgemeinen Rechtsgesetzes, dass jeder dazu gezwungen werden muss, äußerlich so zu handeln, „dass der freie Gebrauch [s]einer Willkür mit der Freiheit von jedermann nach einem allgemeinen Gesetz zusammen bestehen könne."[109] Diese Konzeption von Individualrechten ist zum fundamentalen Organisationsprinzip des modernen Staates geworden, der es sich zur Aufgabe gemacht hat, seine Bürger vor Rechtsverletzungen zu schützen. Daher kann eine solche Konzeption liberaler Rechte auf breite Zustimmung auch außerhalb der Philosophie setzen.

Aus der Beschränkung auf die Abwehrrechte und der Definition von Unterlassungen in Abschnitt 2.3 scheint sich aber ein Widerspruch zu ergeben: Dort wurden Unterlassungen als Verstöße gegen Gebotsnormen definiert. Eine Gebotsnorm ist nichts anderes als eine allgemeingültige Handlungspflicht allen anderen gegenüber und korreliert daher mit einem Anspruchs- und nicht mit einem Abwehrrecht. Wenn sich eine minimalistische Rechtstheorie auf die Betrachtung von Abwehrrechten beschränkt und keine Handlungspflichten definiert, dann wäre es innerhalb dieser Theorie nicht möglich, von Unterlassungen zu sprechen.

Dieser scheinbar plausible Vorwurf ist jedoch unzutreffend, denn auch eine Rechtstheorie, die zunächst nur Abwehrrechte der Individuen akzeptiert, kommt nicht umhin anzuerkennen, dass durch vorangegangene Verstöße

---

[108] Das Problem einer normativen Rechtfertigung der Individualrechte ist damit in keiner Weise gelöst. Es verhält sich hier ähnlich wie mit einem Beweis für einen mathematischen Satz, den alle Welt für wahr hält, der aber noch nicht bewiesen ist. Die allgemeine Akzeptanz kann den Beweis nicht ersetzen.
Der Bedarf einer allgemeinen Rechtfertigung der Individualrechte besteht also weiter, aber man kann *an dieser Stelle* auf eine solche Rechtfertigung verzichten.

[109] Immanuel Kant, „Metaphysik der Sitten", *Kants Werke – Akademie-Textausgabe* (Berlin: Walter de Gruyter & Co, 1968), VI, 230.

gegen die Abwehrrechte eines anderen Handlungspflichten entstehen können. Ein typisches Beispiel ist die Pflicht, eine drohende, selbst herbeigeführte Gefahr zu beseitigen: Der potentielle Schädiger hat hier eine Handlungspflicht, die Gefahr von den potentiellen Opfern abzuwenden. Die Handlungspflicht ist hier aber keine ursprüngliche Pflicht, sondern erhält ihre normative Kraft erst durch die Abwehrrechte der Opfer. Es handelt sich also um eine Handlungspflicht, die aus einem vorherigen Tun entsteht. Wird diese Pflicht verletzt, handelt es sich um eine unechte Unterlassung. Auch innerhalb dieser minimalistischen Rechtstheorie sind mithin unechte Unterlassungen möglich.

Darüber hinaus steht es den Inhabern der durch die Abwehrrechte gewährten Freiheiten frei, auf der Grundlage von wechselseitigen Verträgen sich auf weitere Handlungspflichten zu einigen. Damit verzichten die Individuen auf einen Teil ihrer Freiheiten und begeben sich freiwillig in eine Garantenstellung, die mit einer Handlungspflicht verbunden ist.

Unechte Unterlassungen können also auch innerhalb einer minimalen Rechtstheorie, die nur Abwehrrechte anerkennt, durch Verletzung spezieller Handlungspflichten begangen werden. Darüber hinaus ist es denkbar, dass sich die Mitglieder einer solchen minimalistischen Gesellschaft auf die Einführung einer allgemeinverbindlichen Institution – „den Staat" – einigen, der auch weitergehende Handlungspflichten definiert. Allerdings erhalten diese Regeln ihre normative Kraft dann nicht direkt aus den Individualrechten, sondern es sind Bürgerpflichten, die ihre Kraft aus der freiwilligen Akzeptanz der Staatsverfassung erhalten.

4.1.1 Foots Dilemmata: Die normative Unterscheidung auf der Grundlage von positiven und negativen Rechten

Es besteht eine gewisse Versuchung, den Unterschied zwischen Tun und Unterlassen auf den Unterschied zwischen Freiheits- und Anspruchsrechten zurückzuführen: Eine Unterlassung verstößt gegen ein Handlungsgebot beziehungsweise eine Handlungspflicht und verletzt daher ein korrespondierendes Anspruchsrecht; das normwidrige Tun verletzt hingegen ein Handlungsverbot, das mit einem Abwehrrecht korrespondiert. Es scheint daher zunächst plausibel, dass Handlungsverbote wichtiger sind als Handlungsgebote, weil erstere sich aus den vermeintlich grundlegenderen Abwehrrechten ergeben, während letztere sich „nur" auf Anspruchsrechte stützen.

In dem Aufsatz „The Problem of Abortion and the Doctrine of the Double Effect"[110] vertritt Philippa Foot genau diesen Ansatz:

> [O]ne does not in general have the same duty to help people as to refrain from injuring them. [...] It is interesting that, even where the strictest duty of positive aid exists, this still does not weigh as if a negative duty were involved. It is not, for instance, permissible to commit a murder to bring one's starving children food.

In diesem konkreten Beispiel scheint man in der Tat Foot Recht geben zu müssen. Die Pflicht einer Mutter, ihre Kinder zu ernähren, ist sicher nicht ausreichend, um den Mord an einem unschuldigen Dritten zu rechtfertigen. Die Handlungspflicht gegenüber den Kindern kann die Verletzung der Rechte des Opfers nicht rechtfertigen.

Doch auch wenn dieses Beispiel überzeugen mag, lässt sich an der verteidigten Position nicht festhalten, denn das Beispiel kann die These von Foot nicht stützen. Es ist zwar richtig, dass der Verweis auf eine Handlungspflicht nicht ausreichend ist, um den Verstoß gegen das Abwehrrecht eines Dritten zu rechtfertigen. Aber diese Aussage verdankt ihre Gültigkeit nicht der Tatsache, dass Anspruchs- bzw. Abwehrrechte normativ unterschiedlich bindend sind, sondern dass man keine gleichwertigen Rechte eines Dritten verletzen darf, selbst wenn dies ein Mittel zur Verhinderung eines anderen Unrechts ist.[111]

Es gibt aber noch ein positives Argument, Foots Position abzulehnen: Es ist zwar richtig, dass einige Handlungspflichten erst durch den Staat entstehen und deswegen nur „Bürgerpflichten" sind. Viele Handlungspflichten entstehen aber, wie oben bereits gesagt, durch unser Handeln – entweder auf Grund von Verträgen oder durch vorheriges Handeln. Es scheint zumindest merkwürdig anzunehmen, dass Handlungspflichten durch vorheriges Handeln nicht ebenso streng sein sollen wie die Beachtung des Abwehrrechts,

---

[110] Philippa Foot, „The Problem of Abortion and the Doctrine of the Double Effect", *Virtues and Vices and Other Essays in Moral Philosophy* (Oxford: Blackwell, 1978), 19-32.

[111] So argumentiert beispielsweise Thomson in ihrem zweiten Aufsatz zum sogenannten *trolley problem*. (Vgl. Judith Jarvis Thomson, „The Trolley Problem", *Rights, Restitution and Risks* (Cambrigde, MA: Harvard University Press, 1986), 94 – 116.)

durch dessen drohende Verletzung die Handlungspflicht erst entstanden ist.[112]

Auch wenn es wichtige Unterschiede zwischen Anspruchs- und Abwehrrechten gibt, so scheint es doch nicht möglich, die Unterscheidung zwischen Tun und Unterlassen durch diesen Unterschied zu rechtfertigen. Da spezielle Handlungspflichten auch durch den vorherigen Verstoß gegen Abwehrrechte oder durch Verträge entstehen können, kommt den Handlungspflichten in diesen Fällen die gleiche normative Relevanz zu wie Abwehrrechten. Um den Unterschied von Tun und Unterlassen rechtfertigen zu können, ist daher ein anderes Kriterium notwendig.

4.2 Die moralische Zurechenbarkeit von Handlungsfolgen in einer rechte-basierten Ethik

Um ein solches Kriterium zu finden, ist es sinnvoll, die Grundlagen, auf Grund derer wir ein moralisches oder rechtliches Urteil fällen, genauer zu betrachten – insbesondere, welche Rolle die Intentionen des Handelnden in diesem Prozess spielen. Intentionalisten und Konsequentialisten diskutieren schon seit jeher über die Frage, ob die moralische Bewertung einer Handlung sich auf die Absicht des Handelnden zum Zeitpunkt seiner Handlung stützen soll oder auf die Konsequenzen, die die Handlung tatsächlich gehabt hat. Auch wenn die Kluft zwischen diesen beiden Positionen unüberwindbar erscheint, werden in der Praxis oft Ansichten vertreten, die zwischen diesen beiden Polen liegen.

So fordert Kant, der wohl als der klassische Vertreter des Intentionalismus gelten kann, man möge „nur nach derjenigen Maxime [handeln], durch die [man] zugleich wollen [kann], dass sie ein allgemeines Gesetz werde."[113] Sieht man einmal von den relativ wenigen Maximen ab, die sich in der Tat in der Verallgemeinerung *ad absurdum* führen, so kann Kants Ausspruch doch nur meinen, dass man die Maximen im Hinblick auf die vernünfti-

---

[112] Wer beispielsweise fahrlässig eine Lawine lostritt, die droht, Leib und Leben einiger Talbewohner zu verletzen, ist in gleicher Weise verpflichtet, die Lawine zu stoppen oder vom Dorf abzulenken, wie er zuvor verpflichtet war, keine solche Lawine auszulösen.
[113] Immanuel Kant, „Grundlegung zur Metaphysik der Sitten", *Kants Werke – Akademie-Textausgabe* (Berlin: Walter de Gruyter & Co, 1968), IV, 421.

gerweise erwarteten Folgen ihrer Verallgemeinerung zum Gesetz wollen können muss.[114]

Genauso ist John Stuart Mill, der als Utilitarist dem konsequentialistischen Lager zugeordnet wird, kein reiner Konsequentialist. So räumt er ausdrücklich ein: "There is no point which utilitarian thinkers (and Bentham preeminently) have taken more pains to illustrate than this. The morality of the action depends entirely upon the intention – that is, upon what the agent *wills to do*."[115]

Im Unterschied zu Kant bewertet Mill aber nicht die vernünftigerweise zu erwartenden Konsequenzen der Verallgemeinerung der Maxime, sondern die tatsächlich vom Handelnden beabsichtigten Folgen. Kant bleibt also ein Intentionalist und Mill ein Konsequentialist.

Doch die Lösungsansätze Mills und Kants sind nur halbherzige Kompromisse. Sie können beide nicht mit dem Faktum umgehen, dass die tatsächlichen und die intendierten Folgen oft nicht identisch sind. Handlungen können scheitern, so dass keine der intendierten Folgen eintritt, oder sie misslingen sogar, so dass die Handlung Konsequenzen hat, die vielleicht nicht einmal vorausgesehen wurden. Will eine Moraltheorie sich nicht nur auf einfache theoretische Beispiele beschränken, sondern reale Handlungen beurteilen, so muss sie mit diesen Schwierigkeiten umgehen können.

Es ist sicher ein besonderes Verdienst Hegels, in seiner Rechtsphilosophie einen Ansatz zur Lösung dieses Problems gegeben zu haben. So kritisiert er zunächst, dass „[d]er Grundsatz: bei den Handlungen die Consequenzen zu

---

[114] Diese Aussage gilt zumindest für den Bereich der karitativen Pflichten, wie am vierten Beispiel in der Grundlegung zur Metaphysik der Sitten deutlich wird: So argumentiert Kant, dass es zwar möglich sei, die eigenen Talente nicht zu entwickeln, doch könne niemand dies wollen, „[d]enn als vernünftiges Wesen will [jed]er notwendig, dass alle Vermögen in ihm entwickelt werden, weil sie ihm doch zu allerlei möglichen Absichten dienlich und gegeben sind." (Immanuel Kant, *Grundlegung zur Metaphysik der Sitten*, 423.) Die Vernachlässigung der Talente hätte also Folgen, die uns an der Verwirklichung späterer Absichten hindern würden.

Ob Kant wenigstens innerhalb der Rechtspflichten den Rückgriff auf die Folgen vermeiden kann, erscheint doch zumindest fraglich. Diese Frage soll aber an dieser Stelle nicht weiter verfolgt werden.

[115] John Stuart Mill, *Utilitarianism*, ed. Roger Crisp (Oxford: Oxford University Press, 1998), 65. Mill unterscheidet an der zitierten Stelle zwischen dem Wert der Handlung, der sich nach den Folgen richtet, und dem moralischen Urteil über den Handelnden, das von der Intention, mit der diese Folgen verursacht wurden, abhängt.

verachten, und der andere: die Handlungen aus den Folgen [zu] beurteilen, [...] beides gleich abstrakter Verstand ist."[116] Es werde in keiner Weise unterschieden zwischen den Folgen, die notwendigerweise zu einer Handlung gehören, und solchen, die sich nur zufälligerweise auf Grund der Umstände entwickeln, wie er in einer älteren Fassung der Vorlesung zur Philosophie des Rechts schreibt:

> Die Handlung hat als ein äußerliches Dasein den mannigfaltigsten Zusammenhang; dies sind die Folgen. Einerseits ist jene Äußerlichkeit die Entwicklung der Handlung selbst; insofern sind die Folgen der selben mir allerdings zuzurechnen. Sie sind nichts anderes als die Manifestation der Natur der Handlung. [...] Die Folgen haben aber auch eine andere Seite. Indem die Handlung äußerliches Dasein ist, knüpft sich von außen mancherlei daran. Es kann so eine Handlung in sehr entfernten Folgen fortwälzen, die mir nicht mehr angehören.[117]

Für Hegel ist die Tatsache entscheidend, dass die Folgen der Handlung, die direkt durch die Handlung verwirklicht werden, bereits im Willen des Handelnden gelegen haben; sie sind als „die Veränderung der Sache gewusst und gewollt."[118] Er führt aus diesem Grund den Begriff des Vorsatzes ein:

> Die Folgen, als die eigene immanente Gestaltung der Handlung, manifestieren nur deren Natur und sind nichts anderes als sie selbst; die Handlung kann sie daher nicht verleugnen und verachten. [...] Was der Handlung als solcher angehört, gehört dem Vorsatz an. [...] [W]as in meinem Vorsatz gelegen hat, ist mir zuzurechnen.[119]

---

[116] G. W. F. Hegel, „Philosophie des Rechts", § 118 A 1, *Hegels Rechtsphilosophie – Edition Ilting*, ed. Karl-Heinz Ilting (Stuttgart: Fromann-Holzboog, 1949), IV, 316. Es handelt sich um eine Vorlesungsnachschrift von K.G. v. Griesheim aus den Jahren 1824/25.

[117] G. W. F. Hegel, *Philosophie des Rechts*, ed. Dieter Henrich (Frankfurt a. Main: Suhrkamp, 1983), 93. Diese Fassung geht auf eine Mitschrift einer Vorlesung aus dem Wintersemester 1819/20 zurück.

[118] G. W. F. Hegel, „Philosophie des Rechts", § 116, *Hegels Rechtsphilosophie – Edition Ilting*, 314.

[119] ibid. § 118 A 1.

Damit knüpft Hegel die normative Verantwortung an den Vorsatz des Handelnden. Der Vorsatz umfasst damit die Gesamtheit der direkten Folgen der Handlung, d.h. solcher Folgen, die sich nicht bloß durch äußere Umstände ereignen. Hegel ist damit der erste Philosoph, der zwischen Vorsatz und Absicht unterscheidet, denn der Vorsatz umfasst weit mehr Folgen als die bloße Absicht, die sich nach Hegel auf das Wohl des Handelnden richtet, also auf die eigentlich bezweckten Handlungen.[120]

Hegels Gedanke bildet die Grundlage einer Zurechnungstheorie, wie sie heute im deutschen Strafrecht vorherrscht und deren Erkenntnisse sich gewinnbringend in die Moralphilosophie übertragen lassen. Durch die Entwicklung einer Zurechnungstheorie lässt sich ein Problem einer rechtebasierten Ethik auflösen, das bis heute relativ wenig Beachtung gefunden hat: Im Gegensatz zu intentionalistischen und konsequentialistischen Ethiken, die entweder die Intention oder die Folgen einer Handlung betrachten, stehen bei einer rechte-basierten Ethik das oder die „Opfer" der Handlung im Vordergrund. Es wird nicht aus Sicht des Handelnden geurteilt, sondern aus Sicht der Betroffenen. Der Handlungsfreiheit der handelnden Person wird nur indirekt Beachtung geschenkt: Sie ist nur negativ definiert. Der Handelnde ist genau zu den Handlungen berechtigt, die nicht zu einer Verletzung der Rechte anderer führen.

Doch bei der praktischen Anwendung erweist sich diese Regel als zu einfach, um in komplexen Fragen sinnvoll anwendbar zu sein: So kommt es relativ oft vor, dass die Rechte einer Person verletzt werden und man dennoch davor zurückschreckt, die handelnde Person für ihre Handlung zu verurteilen: Wenn die Person etwa aus Notwehr gehandelt hat oder aus einem Irrtum heraus, dann halten wir ihre Handlung trotz der scheinbaren Rechtsverletzung für gerechtfertigt oder entschuldbar. Um diese Feinheiten in den Urteilen innerhalb einer rechte-basierten Ethik abbilden zu können, empfiehlt sich eine Zurechnungstheorie, die sich grob an der im Strafrecht üblichen Unterscheidung zwischen tatbestandsmäßigem, rechtswidrigem und schuldhaftem Handeln orientiert.[121] Dabei soll hier zwischen rechts-

---

[120] Die Wichtigkeit dieser Erkenntnis wird in der Moralphilosophie unterschätzt. So lassen sich viele Schwierigkeiten der Anwendung des Kategorischen Imperativs dadurch erklären, dass nicht klar ist, ob die Maxime lediglich die Absichten des Handelnden umfassen soll oder seinen gesamten Vorsatz.

[121] Eine Aufzählung und Rechtfertigung der Gesichtspunkte, worin sich diese Theorie von der Strafrechtslehre unterscheidet, würde den Rahmen dieser Arbeit sprengen. Eine wichtiger Unterschied darf allerdings nicht unerwähnt bleiben: Im Strafrecht enthält be-

gutverletzendem, rechtsverletzendem und vorsätzlichem Handeln unterschieden werden.

4.2.1 Die Rechtsgutverletzung

Der erste Schritt bei der Bildung eines moralischen Urteils innerhalb einer rechte-basierten Ethik ist die Frage, ob ein Ereignis rechtsgutverletzend ist bzw. die Gefahr einer Rechtsgutverletzung objektiv erhöht. In diesem ersten Schritt werden also Ereignisse beurteilt, die nicht notwendigerweise Handlungen eines Akteurs sein müssen. Auch der Blitzschlag, der den Spaziergänger erschlägt, ist nach dieser Definition rechtsgutverletzend, denn durch den Blitz wird das durch das Recht auf Leben geschützte Gut – das Leben selbst – vernichtet. Das Recht auf Leben des vom Blitz Getroffenen wird allerdings nicht verletzt: Rechtsbeziehungen gelten nur zwischen Personen, und daher ist es sinnlos, von einer Rechtsverletzung durch ein Naturereignis zu sprechen. Daran wird deutlich, dass die Feststellung einer Rechtsgutverletzung noch kein moralisches Urteil darstellt.

Mit der Feststellung, dass ein Ereignis rechtsgutverletzend ist, wird aber ein wichtiger Grundstein für das später zu bildende moralische Urteil gelegt, denn bereits in dieser ersten Phase wird über ein wichtiges Kriterium entschieden: Die Schwere des Vergehens, das später moralisch beurteilt werden soll, hängt selbstverständlich von der Art des Rechtsguts ab, das durch das Ereignis verletzt wurde. Ein Ereignis oder eine Handlung, durch deren Folgen ein Mensch zu Tode kommt, werden stärker negativ bewertet als solche, bei denen lediglich ein ersetzbarer Gegenstand zerstört wird.

Der hier verwendete Begriff „Rechtsgutverletzung" ist allerdings aus zweierlei Gründen ein wenig unglücklich: Zum einen umfasst der Begriff nur solche Güter, die durch Rechtsnormen geschützt werden. Güter, die hingegen durch Pflichten der Wohltätigkeit geschützt werden, werden außer Acht gelassen. Damit umfasst die hier vorgestellte Theorie nur Rechtsregeln, das heißt Normen, die erzwingbar sind. Der Rechtsbegriff der Ethik

---

reits die Feststellung, dass eine Handlung tatbestandsmäßig ist, eine Aussage über die Handlungsintention des Handelnden: So kann eine Handlung nur dann als Mord bezeichnet werden, wenn zusätzlich zum objektiven Merkmal der Tötung weitere subjektive Tatbestandsmerkmale vorliegen, wie beispielsweise Habgier oder niedere Beweggründe. Die meisten Straftatbestände fordern den Vorsatz, der ebenfalls ein subjektives Tatbestandsmerkmal ist. Die hier vorgeschlagene, analoge Kategorie der Rechtsgutverletzung macht hingegen keine Annahmen über die Absichten des Handelnden, sondern orientiert sich ausschließlich an objektiven Tatbestandsmerkmalen.

ist zwar sehr viel umfangreicher als das positive Recht[122], aber es fehlen dennoch alle Regeln der Wohltätigkeit. Es ist zwar prinzipiell möglich, die hier vorgestellte Zurechnungstheorie auch auf den Bereich der *karitativen* Pflichten anzuwenden, aber der Einfachheit und Übersichtlichkeit halber soll dieser Gedanke hier nicht weiter verfolgt werden.[123]

Zum anderen deutet der Ausdruck „rechtsgutverletzend" darauf hin, dass ein Rechtsgut tatsächlich verletzt worden ist. Dies muss aber keineswegs der Fall sein, wie bereits die ursprüngliche Definition von „rechtsgutverletzend" deutlich macht: Es ist ausreichend, wenn das Verhalten die Gefahr einer Rechtsgutverletzung erhöht hat, auch wenn der Schaden letztendlich ausgeblieben ist. Eine Rechtsgutverletzung liegt also bereits vor, wenn die objektive Wahrscheinlichkeit eines Schadens erhöht wurde. Diese Wahrscheinlichkeit bildet ein zweites wichtiges Kriterium, von dem die Schwere des Normenverstoßes abhängt: Je stärker die Wahrscheinlichkeit eines Schadenseintrittes in die Richtung eines sicheren Schadenseintritts erhöht wird, umso negativer ist die Tat oder das Ereignis zu bewerten.

In dem Begriff der Rechtsgutverletzung spiegeln sich also zwei Urteile wider, die eine graduelle Abstufung der negativen normativen Bewertung zulassen: die Relevanz des gefährdeten oder beschädigten Rechtsgutes sowie die Wahrscheinlichkeit des Schadenseintrittes. Dennoch ist das Kriterium „rechtsgutverletzend" ein binäres Kriterium: Wenn die Gefährdung oder die Beschädigung eines Rechtsgutes vorliegt, dann gilt das Ereignis oder die Handlung als rechtsgutverletzend. Das Kriterium sieht keine Abstufung eines erlaubten Risikos vor oder ein Rechtsgut, das so unwichtig wäre, dass die Verletzung erlaubt wäre. Auf der anderen Seite ist nicht jede Handlung, die rechtsgutverletzend ist, gleich eine verbotene, sanktionswürdige Handlung. Das Kriterium zeigt nur, dass es sich bei einer solchen Handlung um kein *Adiaphoron* handelt, das heißt, sie bedarf einer speziellen moralischen Rechtfertigung.

---

[122] Eine Vielzahl von ethischen Regeln wird durch wechselseitige Sanktionen ohne einen Rückgriff auf die Staatsmacht erzwungen. Wer beispielsweise die Ruhe in einer Bibliothek stört, kann legitimerweise mit einem Hausverbot belegt werden, obwohl er zunächst weder straf- noch zivilrechtlich belangt werden kann.

[123] Um eine analoge Anwendung der Theorie auf diesen Bereich zu ermöglichen, wäre es notwendig, den Begriff eines „moralischen Guts" oder besser moralischen Interesses einzuführen und dann von einer Beförderung dieses moralischen Interesses durch den Akteur zu sprechen. Inwieweit diese Beförderung des moralischen Interesses tatsächlich dem Akteur zugerechnet werden kann, wäre dann wiederum vom Vorsatz abhängig.

4.2.2 Die Rechtsverletzung

Ob ein Rechtfertigungsgrund besteht, muss also in der zweiten Stufe geprüft werden, in der festgestellt wird, ob die Rechtsgutverletzung auch eine Rechtsverletzung darstellt. Das wichtigste Rechtfertigungskriterium wurde bereits in Abschnitt 2.5 angegeben: Es ist zu prüfen, ob ein rechtfertigender Notstand für die Verletzung der Norm bestanden hat (bzw. ob im Falle eines zur Erhaltung des Rechtsgutes zu befolgenden Gebotes die gebotene Handlung unzumutbar war). Auf dieses Kriterium wurde schon ausreichend eingegangen, so dass diese Gedanken an dieser Stelle nicht wiederholt werden sollen. Wenn eine Rechtfertigung gegeben ist, so handelt es sich bei der Rechtsgutverletzung um eine Rechtsübertretung, nicht aber um eine sanktionswürdige Rechtsverletzung.[124] Auch die Normzwecktheorie findet in dieser Stufe ihre Anwendung: Wenn die Rechtsgutverletzung auf eine Weise herbeigeführt wird, deren Vermeidung nicht zum Zweck der Rechtsnorm gehört, liegt lediglich eine Rechtsgutverletzung, aber keine Rechtsverletzung vor.

Neben dem rechtfertigenden Notstand bzw. der Unzumutbarkeit der Handlung und der Normzwecktheorie gibt es noch ein weiteres wichtiges Kriterium für den Ausschluss einer Rechtsverletzung: Der vorherige Abschnitt hat Rechtsbeziehungen als eine Beziehung zwischen Rechtspersonen definiert. Bevor es also möglich ist, darüber zu urteilen, ob eine Rechtsverletzung vorliegt, ist zu prüfen, ob die Rechtsgutverletzung durch eine handelnde Person zustande gekommen ist, der selbst Rechte zukommen. Diese Einschränkung ist notwendig, da das Kriterium der Rechtsgutverletzung auch auf Naturereignisse anwendbar ist. Der Blitzschlag, der den Passanten erschlägt, kann nicht sinnvoll im Rahmen einer Zurechnungstheorie diskutiert werden, weil ein Akteur hier eindeutig fehlt, dem dieses Ereignis als Handlung zugerechnet werden könnte. Auch Tieren können keine Handlungen zugerechnet werden, weil sie keine moralischen Personen sind. Es ist sinnlos zu behaupten, der Löwe, der einen Touristen anfällt, handle unmoralisch oder unrechtmäßig, weil ein Löwe sich nicht nach moralischen Normen richten kann und ihm eine bewusste Wahl zwischen der moralischen und unmoralischen Handlung nicht offen steht. Im Gegensatz dazu gibt es auch Fälle, in denen wir es eindeutig mit moralischen Personen zu tun haben. Bei den meisten Straftätern gehen wir davon aus, dass sie sich ihres Normverstoßes durchaus bewusst waren und sich auch nach der Norm

---

[124] Zur Unterscheidung von Rechtsverletzung und Rechtsübertretung s. Judith J. Thomson, „Some Rumination on Rights", *Rights Restitution and Risks*, 49 – 65.

hätten richten können; genauso gehen wir auch im Bereich außerhalb des positiven Rechts davon aus, dass jemand, der eines anderen Rechte verletzt, die Möglichkeit gehabt hätte, sich normkonform zu verhalten.

Zwischen diesen beiden Bereichen gibt es allerdings eine breite Grauzone, in der nicht klar ist, ob wir es tatsächlich mit einer moralischen Person zu tun haben oder nicht. Ab welchem Alter oder Entwicklungsstand sind Kinder etwa als moralische Personen zu sehen? Noch schwieriger ist es im Umgang mit pathologischen Straftätern, die sich eines Unrechts entweder gar nicht bewusst waren oder keine andere Handlungsmöglichkeit gehabt haben, weil sie unter einem inneren Zwang handelten – juristisch also als unzurechungsfähig gelten müssen.

Diese Fragen sind schwer zu beantworten, aber sie sind äußerst wichtig für den Übergang von einer Rechtsgutverletzung zu einer Rechtsverletzung. Rechtsbeziehungen gelten nur unter Rechtspersonen. Wenn der Akteur, von dem die Rechtsgutverletzung ausgeht, keine moralische Person ist – etwa ein Tier –, kann er im strengen Sinne auch keine Rechte verletzen, da es zwischen ihm und dem Opfer keine Rechtsbeziehung gibt. Diese Aussage mag insbesondere im Hinblick auf pathologische Straftäter erstaunen. Es scheint auf den ersten Blick unplausibel, dass die Mordtat eines Triebtäters nicht als eine Rechtsverletzung gelten soll, sondern normativ mit einem Unfall gleichgestellt wird. Dieser Einwand ist auf den zweiten Blick unberechtigt, denn wenn einer Person der Status einer moralischen Person abgesprochen wird, so führt dies keineswegs zu einer „Strafmilderung", also einer schwächeren moralischen oder rechtlichen Verurteilung, sondern es erweitert die zulässigen Maßnahmen gegen diese Person. Wer nicht den Status einer moralischen Person innehat, kann nicht nur keine Rechtsverletzung bewirken, sondern er verwirkt damit auch einen Großteil der Freiheitsrechte, über die eine moralische Person verfügt. Der pathologische Straftäter kann nicht nur *ex post* für seine Taten bestraft werden, sondern auch angesichts der von ihm ausgehenden Gefahr verwahrt werden, bevor er eine weitere Rechtsgutverletzung begangen hat.[125] Moralische Personen

---

[125] Menschen, die ihren Status als moralische Person verlieren, verlieren selbstverständlich nicht alle Rechte. Es ist aber legitim, ihre rechtlich garantierten Freiheiten durch Zwang soweit einzuschränken, dass sie die Rechtsgüter anderer Menschen nicht mehr verletzen können. Kantisch ausgedrückt handeln sie nicht mehr frei aus Achtung vor dem Gesetz, sondern werden zu dessen Befolgung gezwungen.

dürfen hingegen sogar Straftaten planen, ohne dass dies rechtlich geahndet wird.[126]

Die Feststellung, dass eine Handlung eine Rechtsverletzung ist, ist ein erstes moralisches Urteil: Eine Rechtsverletzung ist immer, nicht bloß *prima facie*, verboten. Dies ist eine logische Folge des bisher Gesagten: Rechtsverletzungen sind Rechtgutverletzungen durch moralische Personen, die über keine Rechtfertigung für die Verletzung verfügen. Die fehlende Rechtfertigung muss also zu einem Verbot führen.

4.2.3 Die Vorsätzlichkeit

Das Urteil, ob eine Handlung eine Rechtsgutverletzung und sogar eine Rechtverletzung darstellt, ist ein Urteil über die normativen Qualitäten einer Handlung und ihrer Folgen, aber kein Urteil über den Handelnden. Um den Handelnden als eine moralische Person – und nicht bloß als den verursachenden physikalischen Körper – verurteilen zu können, muss eine Verbindung zwischen der moralischen Person und dem äußeren Vorgang hergestellt werden. Diese Lücke füllt der Vorsatz, mit dem die Person die Handlung begangen hat. Bei genauer Betrachtung gibt es allerdings nicht nur eine Art des Vorsatzes. Schon Hegel kommt zu dem Schluss, dass es verschiedene Abstufungen des Vorsatzes geben muss:

> Je nachdem das meinige bei einem Ereignis mehr oder weniger eintritt, in dem Maße bin ich daran mehr oder weniger schuld. Die eigentliche Schuld ist darin, dass ich schuld an dem habe, insofern ich dasselbe gewollt habe.[127]

In Hegels erster Version der Rechtsphilosophie ist die Größe der Schuld also nicht nur eine Frage des verursachten Schadens, sondern auch, inwieweit der tatsächliche Handlungsverlauf dem entspricht, was vom Handelnden gewollt wird.[128] Ob eine Handlung dem Handelnden vorzuwerfen ist,

---

[126] Juristisch sind mit wenigen Ausnahmen (z.B. die Bildung einer kriminellen Vereinigung) Vorbereitungshandlungen straffrei. Nur der Versuch, also die bereits begonnene Handlung, ist strafbar. Aus ethischer Sicht können die Planungen zwar moralisch verwerflich sein, aber es ist fraglich, ob eine solche Norm bereits in den Bereich des Rechts fällt, das heißt, ob bereits die Vorbereitungshandlung sanktioniert werden darf.

[127] G. W. F. Hegel, *Philosophie des Rechts*, ed. Dieter Henrich, 93.

[128] Spätere Versionen der Rechtsphilosophie erkennen nur noch eine Abstufung der Haftung für äußere Dinge, wie Kinder und Vieh, an, weil sie in verschiedenem Grade der Herrschaft und Aufmerksamkeit unterworfen sind.

kann also offensichtlich nicht mit einem einfachen Ja oder Nein beantwortet werden, sondern es muss zwischen verschiedenen Graden der Vorwerfbarkeit unterschieden werden, und dieser Unterschied besteht offensichtlich in dem Wollen der Handlung, also dem Vorsatz. Um diese Grade der Vorwerfbarkeit abbilden zu können, ist es sinnvoll, auch von verschiedenen Graden der Vorsätzlichkeit zu sprechen.

Der Begriff der Vorsätzlichkeit ist genau wie der Begriff der Rechtsgutverletzung nicht ideal. Besonders unter Juristen kann er einige Verwirrung stiften, da sie unter dem Begriff der Vorsätzlichkeit eine abstrakte Kategorie verstehen, die die verschiedenen Grade des Vorsatzes umfasst – wo also die Rechtsgutverletzung entweder als Mittel oder als Zweck gewollt oder nur billigend in Kauf genommen wird. In diesem Sinne ist Vorsätzlichkeit als Gegenbegriff zur Fahrlässigkeit zu sehen, bei der lediglich die Gefährdung durch den Täter in Kauf genommen, der Schaden aber ungewollt verursacht wird.

Der hier verwendeten Bedeutung von Vorsätzlichkeit liegt ein anderer Gedanke zu Grunde. Unter dem Begriff Vorsätzlichkeit sollen die verschiedenen Abstufungen des Willens zur Verwirklichung einer Rechtsgutverletzung verstanden werden, den eine handelnde Person bei der Ausführung haben kann. Anders als in der Rechtslehre umfasst die Vorsätzlichkeit hier nicht nur die verschiedenen Abstufungen des Vorsatzes im üblichen Sinne, sondern auch die Stufen der Fahrlässigkeit, des Handelns unter Risiko und sogar die schuldlosen Handlungen, deren Konsequenzen für den Handelnden nicht vorhersehbar waren. Der Unterschied beispielsweise zwischen vorsätzlichem und fahrlässigem Handeln ist kein kategorialer Unterschied, sondern es handelt sich um unterschiedliche Punkte auf einer kontinuierlichen Skala. In diesem Sinne ist die Vorsätzlichkeit im Gegensatz zur Rechtslehre kein Schwarz-Weiß-Kriterium, sondern kennt viele Abstufungen: vom direkten Vorsatz, bei dem die eingetretenen Konsequenzen auch gleichzeitig der Zweck der Handlung sind, bis hin zu Handlungen, deren Konsequenzen für den Handelnden unmöglich vorhersehbar waren und daher auch in keiner Weise zu seinem Vorsatz gehören konnten. Korrekterweise ist daher auch nicht von *der* Vorsätzlichkeit zu sprechen, sondern von verschiedenen Graden der Vorsätzlichkeit.

Die Kategorie der Vorsätzlichkeit beinhaltet dabei zwei verschiedene Kriterien: den Grad der Erwartetheit und den Grad der Gewolltheit. Der Grad der Erwartetheit bildet einfach die subjektive Wahrscheinlichkeit ab, das heißt die Wahrscheinlichkeit, mit der der Akteur mit der Rechtsgutverletzung rechnet. Sie ist von der objektiven Wahrscheinlichkeit zu unterscheiden, weil sich der Handelnde des Risikos, das tatsächlich von seiner Handlung ausgeht, nicht bewusst sein muss.[129] Offensichtlich ist die Graduierung hier unendlich fein, da die subjektive Wahrscheinlichkeit auf die rationalen Werte zwischen 0 und 1 abgebildet wird. Allgemein gilt, dass dem Akteur die Rechtsgutverletzung umso stärker zuzurechnen ist, je höher er die Wahrscheinlichkeit des Schadenseintritts einschätzt.

Weniger offensichtlich ist die Tatsache, dass der Grad der subjektiven Wahrscheinlichkeit zu einem Teil auch den Wissensstand des Akteurs widerspiegelt, nämlich sein Wissen hinsichtlich möglicher Konsequenzen seines Handelns.[130] Ist die subjektive Wahrscheinlichkeit, also der Grad der Erwartetheit, gleich Null, dann ist sich der Handelnde der objektiven Möglichkeit des Schadenseintritts nicht bewusst. Auch hierbei sind wiederum zwei Fälle zu unterscheiden: Zum einen ist es möglich, dass der Handelnde sich der Gefahr seines Handelns nicht bewusst war, weil er sich über die Wirkungsweise nicht im klaren war, aber bei genauerer Betrachtung sie dennoch hätte erkennen können. Der Irrtum ist ihm in diesem Falle zuzurechnen. Anders sieht es jedoch aus, wenn die Gefährlichkeit seiner Handlung trotz ehrlicher Bemühungen nicht zu erkennen war (beispielsweise weil der Handelnde selbst getäuscht wurde und in gutem Glauben handelte). Auch hier irrt der Handelnde, aber an diesem Irrtum trägt er keine Schuld, weil er aus seiner Sicht unvermeidlich war. Daher ist ihm auch keine Schuld zurechenbar.[131]

---

[129] Ob die Wahrscheinlichkeit des Schadenseintritts tatsächlich erhöht worden ist, ist hingegen im Rahmen der ersten Stufe der Zurechnungstheorie zu prüfen.

[130] Neben dem Wissen möglicher Konsequenzen muss der Akteur umfangreiche Kenntnisse hinsichtlich der Situation, in der er handelt, besitzen, um überhaupt vorsätzlich handeln zu können. Wer etwa bei Unterschrift eines Vertrages glaubt, er würde nur eine Schriftprobe abgeben, der hat zwar absichtlich auf dem Papier unterschrieben, aber er hat mit dieser Unterschrift keinerlei Absicht verbunden, einen Vertrag abzuschließen. Juristen bezeichnen dies als die „Bedeutungserkenntnis" der Handlung, die aber an dieser Stelle nicht weiter diskutiert werden soll. (Vgl. Michael Köhler, *Strafrecht – Allgemeiner Teil* (Berlin, Heidelberg u. a.: Springer, 1997), 156.)

[131] Zu einer vollständigen Prüfung der Zurechenbarkeit gehört eigentlich stets die Prüfung, aus welchen Gründen die subjektive von der objektiven Wahrscheinlichkeit abweicht. Auch hier gibt es eine sehr fein graduierte Skala von Fällen, in denen die Urteilsgründe hinsichtlich der subjektiven Wahrscheinlichkeit dazu führen, dass der Handelnde notwendigerweise irren muss, bis hin zu Fällen, in denen der Handelnde überhaupt keine Gründe für sein Urteil anführen kann.

Das zweite Kriterium, die Gewolltheit, bildet den Grad ab, mit dem der Handelnde den Taterfolg oder aber zumindest die Tat will. Auch hier ist die Skala sehr fein. Anders als bei dem Grad der Erwartetheit lassen sich im Fall der Gewolltheit jedoch zumindest in der Theorie vier wesentliche Abstufungen feststellen.

Das äußerste Extrem der Gewolltheit ist der Fall, dass die Folge der Handlung als Zweck beabsichtigt wird, wie etwa beim Mörder, der an der Begehung seiner Tat Lust empfindet. In diesem Fall ist die Rechtsgutverletzung dem Handelnden am stärksten zuzurechnen, das heißt seine Schuld am größten. Weitaus häufiger ist jedoch der Fall, dass die Rechtsverletzung nicht als Zweck, wohl aber als Mittel zur Verwirklichung eines anderen Zweckes gewollt wird, etwa beim Verbrecher, der den Zeugen tötet, um ihn zum Schweigen zu bringen. Innerhalb dieser Kategorie kann der Grad der Gewolltheit noch feiner unterschiedenen werden: So kann sich der Täter trotz (legaler) Alternativen aus Faulheit zu der rechtsverletzenden Tat entschließen. In diesem Fall ist von einem höheren Grad der Gewolltheit zu sprechen als in Fällen, in denen sich der Täter „schweren Herzens" und mangels Alternativen dazu entschließt, die Tat auszuführen.

Obwohl die Trennung zwischen dem Wollen als Mittel und dem Wollen als Zweck in der Theorie sehr klar erscheint, ist es in der Praxis oft sehr schwer, eine klare Grenze zu ziehen. Wenn beispielsweise ein Neider dem rechtmäßigen Eigentümer einen einmaligen Kunstgegenstand stiehlt, ist die Verletzung einerseits ein Mittel, sich selbst des Kunstgegenstandes zu bemächtigen. Zugleich kann aber auch die Schadenfreude über die Schädigung des ursprünglichen Besitzers ein Ziel der Handlung und daher zugleich ein Zweck der Handlung sein. Trotz einer klaren Abgrenzung in der Theorie existiert in der Praxis nur ein fließender und zu einem gewissen

---

Wenn die subjektive Wahrscheinlichkeit zu niedrig angesetzt wird, gilt: Je besser die Gründe für ein falsches Urteil hinsichtlich der subjektiven Wahrscheinlichkeit sind, umso weniger kann dieses falsche Urteil dem Handelnden zur Last gelegt werden und umso mehr muss von einem niedrigeren Grad der Erwartetheit ausgegangen werden, der letztendlich zu einem niedrigeren Strafmaß bzw. geringerer moralischen Verurteilung führt. Gleiches gilt für den Fall, dass der Handelnde die subjektive Wahrscheinlichkeit für höher hält als die objektive tatsächlich ist – er also auf den Schadenseintritt hofft: Je bessere Gründe er für sein falsches Urteil hatte, umso stärker muss sein falsches Urteil hinsichtlich der Wahrscheinlichkeit die Grundlage des moralischen Urteils bilden und der Grad der Erwartetheit also höher eingeschätzt werden.

Um den hier gewählten Ansatz jedoch nicht weiter zu verkomplizieren, soll auch dieser Gedanke nicht weiter verfolgt werden.

Grade auch willkürlich gesetzter Übergang zwischen dem Wollen als Zweck und dem Wollen als Mittel.

Moraltheoretisch weitaus bedeutender ist die Unterscheidung zwischen den gewollten Folgen einer Handlung, um derentwillen die Handlung durchgeführt wird, und den Nebenfolgen, die zwar vorhergesehen werden, aber weder als Mittel noch als Zweck gewollt werden. Auch innerhalb dieser Kategorie lassen sich wieder feinere Abstufungen feststellen: So können die Nebenfolgen selbst wiederum entweder gewünscht werden, weil sie – auch wenn sie nicht Handlungsziel sind – doch in gewisser Weise als positiv vorgestellt werden. Sie können aber auch gänzlich unerwünscht sein und lediglich in Kauf genommen werden, weil letztendlich die Summe *aller* Folgen als wünschenswert betrachtet wird. Wer beispielsweise sein Auto in seiner Garage anzündet, um die Versicherung zu betrügen, der wird es vielleicht bedauern, dass auch die in der Garage gelagerten Geräte bei dem Feuer zerstört werden, wird es aber angesichts des erwarteten Gewinnes durch den Betrug in Kauf nehmen. Auf der anderen Seite begrüßt er es vielleicht, dass auch ein Freund sein versichertes Motorrad dort geparkt hat, da auf diese Weise auch der Freund „günstig" an ein neues Motorrad kommt. Beides gehört nicht zu den eigentlichen Zielen der Handlung, obwohl sie vorausgesehen werden. Dennoch ist der Verlust des Motorrads sicherlich stärker gewollt als der Verlust der Gartengeräte.

Die Abgrenzung zwischen den Nebenfolgen einer Handlung und den tatsächlich beabsichtigten Folgen ist allerdings in der Praxis sehr schwierig. So weist Philippa Foot etwa darauf hin, dass in vielen Fällen die Mittel und die ungewollten Folgen so eng miteinander verbunden seien, dass eine Unterscheidung nicht mehr möglich sei. So nennt sie das Beispiel der Craniotomie. Bei dieser Operation muss der Schädel des ungeborenen Kindes zertrümmert werden, um das Leben der Mutter zu retten. In diesem Fall sei die Zertrümmerung des Schädels zwar ein beabsichtigtes Mittel, der Tod des Kindes, der durch die Zerstörung seines Schädels herbeigeführt werde, aber eine ungewollte Nebenfolge.[132] Einer solchen sophistischen Anwendung der Unterscheidung kann man nur entgehen, wenn man von vornherein einräumt, dass auch hier die Grenzen fließend sind und eine klare Unterscheidung in vielen praktischen Fällen unmöglich ist. Doch die große Anzahl von Fällen, in denen wir sehr klar zwischen gewollten und unerwünschten

---

[132] Philippa Foot, "The Problem of Abortion and the Doctrine of the Double Effect", 21.

Folgen unterscheiden können, zeigt, dass diese Unterscheidung dennoch Sinn hat.

Ganz am anderen Ende des Spektrums sind solche Handlungen angesiedelt, die in keiner Weise gewollt werden. Handlungen, die unter äußerem oder innerem Zwang stattfinden, fallen allerdings nicht in diese Kategorie, obwohl sie in keiner Weise gewollt werden: Sie stellen zwar Rechtsgutverletzungen dar, aber keine Rechtsverletzung, da der äußere Zwang entweder als ein rechtfertigender Notstand gewertet werden muss oder – wenn es sich um eine Handlung aus innerem Zwang handelt – es keine Handlung einer moralischen Person mehr ist.[133]

Den größten Teil der Gruppe von Handlungen, deren Folgen in keiner Weise gewollt werden, dürften unbewusst fahrlässige Handlungen ausmachen. Hier will der Handelnde zwar zum Zeitpunkt der Ausführung die Handlung. Doch dies Wollen beruht nur auf einer unvollständigen Kenntnis der möglichen Folgen. Dem fahrlässig Handelnden wird zugestanden, dass er die Handlung nicht oder nicht in dieser Weise ausgeführt hätte, wenn er sich der Konsequenzen bewusst gewesen wäre.

Beide Kriterien zusammen, der Grad der Gewolltheit und der Grad der Erwartetheit, lassen sich zum Grad der Vorsätzlichkeit kombinieren. Auch wenn es nicht möglich ist, den Grad der Vorsätzlichkeit mittels eines Algorithmus zu errechnen, so lassen sich doch deutliche Abhängigkeiten von den Parametern erkennen: Zum einen gilt, dass der Grad der Vorsätzlichkeit umso höher ist, je höher der Grad der Erwartetheit und je höher der Grad der Gewolltheit ist. Zum anderen muss der Grad der Gewolltheit bei der Bewertung der Vorsätzlichkeit eine sehr viel stärkere Gewichtung erfahren als der Grad der Erwartetheit. Wer etwa einen Schuss aus großer Entfernung mit einer Pistole auf sein Opfer abfeuert, in der schwachen Hoffnung, es dabei zu töten, handelt zwar in geringerem Maße vorsätzlich als eine Person, die ein Präzisionsgewehr wählt, um sich der Tötung des anderen sicher zu sein. Dennoch ist dieser Unterschied fast zu vernachlässigen. Schießt die Person hingegen bloß in die Richtung des Opfers, ohne es töten zu wollen, beispielsweise um es zu erschrecken, und stirbt das Op-

---

[133] In der Praxis besteht allerdings ein erhebliches Problem darin festzustellen, wie „groß" der Zwang sein muss, damit die rechtsgutverletzende Handlung nicht zurechenbar ist bzw. der Handelnde die Verantwortung für seine Handlung vollständig auf die ihn zwingende Person abwälzen kann.

fer dann an der ungewollten Schussverletzung, so geht man von einem sehr viel größeren Unterschied im Grad der Vorsätzlichkeit aus.

Innerhalb der verschiedenen Stufen der Gewolltheit liegen die Grade der Vorsätzlichkeit in einem mathematischen Sinn „dicht", das heißt zwischen zwei beliebigen Graden der Vorsätzlichkeit liegt jeweils mindestens ein weiterer. Dies folgt schon aus der Tatsache, dass der Grad der Vorsätzlichkeit den Grad der subjektiven Wahrscheinlichkeit als Parameter beinhaltet und dieser auf die rationalen Zahlen zwischen 1 und 0 abgebildet wird, die ihrerseits dicht liegen. Es ist sogar denkbar, dass verschiedene Handlungen, die sich im Grad der Gewolltheit und Erwartetheit unterscheiden, letztendlich gleich vorsätzlich sind. Wer beispielsweise trotz vorhandener Alternativen zur Verwirklichung seiner Ziele eine Handlung wählt, die geringe Gefahren birgt, könnte mit dem gleichen Grad an Vorsätzlichkeit handeln wie eine Person, die eine Handlung mit hohem Risiko wählt, weil ihr keine Alternativen zur Verfügung stehen.

Trotz dieses kontinuierlichen Verlaufs der Grade der Vorsätzlichkeit lassen sich bestimmte Abstufungen erkennen, mittels derer sich die verschiedenen Deliktsmodi des deutschen Strafrechts leicht abbilden lassen. Dieses darzustellen ist aus zwei Gründen lohnend: Zum einen zeigt sich, dass der hier neu definierte Grad der Vorsätzlichkeit sich kohärent in unser bestehendes Rechtssystem einfügt. Zum anderen ist es für die weitere Diskussion der Unterscheidung von Tun und Unterlassen hilfreich, sich der juristischen Terminologie bedienen zu können.

Die erste Stufe stellt hierbei das absichtliche Handeln dar (*dolus directus* 1. Grades). Hierbei ist der tatbestandsmäßige Erfolg entweder der Zweck der Handlung selbst, oder er ist eine Bedingung für ein (außertatbestandliches) Handlungsziel. Die Folgen der Handlung werden also gewusst und gewollt. Anders als in der hier vorgetragenen Theorie wird kein Unterschied gemacht, ob die Handlung als Zweck oder als ein Mittel gewollt wird. Ebenfalls kommt es nicht darauf an, wie groß die Erwartung hinsichtlich des Taterfolges ist. Auch wenn der Täter ein Mittel wählt, das nur durch sehr außergewöhnliche Umstände zum Taterfolg führen kann, handelt es sich um einen *dolus directus* 1. Grades. Angesichts der stärkeren Gewichtung des Grades der Gewolltheit gegenüber der subjektiven Wahrscheinlichkeit scheint es jedoch aus Sicht der hier vorgetragenen Position nachvollziehbar, dass zwischen diesen beiden kein kategorialer Unterschied gemacht wird. Ob ein Richter, etwa im Rahmen der Strafzumessung, doch Rücksicht auf die Erfolgserwartung des Täters nimmt, bleibt zudem offen.

Die zweite Stufe ist das wissentliche Handeln (*dolus directus* 2. Grades). Hier werden die tatbestandsmäßigen Folgen zwar als sicher vorhergesehen, sie gehören aber weder zu den beabsichtigten Zwecken noch zu den Mitteln des Täters. Der Grad der Erwartetheit ist der gleiche wie beim *dolus directus* 1. Grades: Der Täter muss sich des Eintritts der Folgen in beiden Fällen gewiss sein.[134] Da aber weder die Handlung noch deren Folgen als Zweck oder als Mittel des Täters gewollt werden, liegt der Grad der Gewolltheit niedriger.

Der *dolus directus* 2. Grades unterschiedet sich vom *dolus eventualis* (bedingter Vorsatz) und auch der bewussten Fahrlässigkeit[135] nicht im Grad der Gewolltheit, sondern im Grad der Erwartetheit der Folgen. In beiden Fällen wird der Schadenseintritt weder als ein Mittel noch als ein Handlungsziel gewollt. Aber anders als im Falle des direkten Vorsatzes ist sich der Handelnde, der mit bedingtem Vorsatz oder bewusst fahrlässig handelt, des Schadenseintritts nicht sicher, sondern sieht lediglich eine Gefahr des Schadenseintritts. Seine Erwartungen hinsichtlich des Schadenseintritts sind also geringer als bei jemandem, der in dem Wissen um die Folgen handelt.

Zwischen der bewussten Fahrlässigkeit und dem bedingtem Vorsatz kann wiederum an Hand des Grades der Gewolltheit unterschieden werden. Der bedingt vorsätzlich Handelnde würde seine Handlung selbst dann noch wollen, wenn er sicher wüsste, dass sich der Schaden tatsächlich verwirkli-

---

[134] Mit „Gewissheit" ist nicht dasselbe wie Sicherheit hinsichtlich der Schadensfolge gemeint: „Mit dem Erfordernis der Gewissheit ist nicht gemeint, der Täter müsse das Ausbleiben des Erfolgseintritts für schlechthin ausgeschlossen halten; es reicht, dass die Möglichkeit des Ausbleibens nicht von entscheidungsrelevanter Dichte ist." (Jakobs, *Strafrecht – Allgemeiner Teil* (Berlin: Walter de Gruyter & Co., 1991), **8** 19, 268.) Es besteht also aus Sicht des Handelnden die Möglichkeit, dass die Folgen ausbleiben, aber diese Wahrscheinlichkeit ist so gering, dass sie bei der Entschließung zur Tat keine relevante Rolle spielt.

[135] Die Unterscheidung von bedingtem Vorsatz und bewusster Fahrlässigkeit wird von einigen Juristen vollständig abgelehnt. So meint der Strafrechtler Jakobs, dass „der *dolus eventualis* den gesamten Bereich abdeckt, in dem der Täter die Tatbestandsverwirklichung als nicht unwahrscheinlich beurteilt. Daher lässt sich keine bewusste Fahrlässigkeit mit einer intellektuellen Seite bilden, die mit der intellektuellen Seite beim Vorsatz identisch wäre. [...] Alle Fahrlässigkeit, bewusste wie unbewusste, ist deshalb auch negativ ausgezeichnet: Es fehlt die Kenntnis der Tatbestandsverwirklichung. Die Trennung von bewusster und unbewusster Fahrlässigkeit ist bedeutungslos." (Günther Jakobs, ibid. , **9** 3, 317).

chen wird. Der bewusst fahrlässig Handelnde entscheidet sich für die Handlung hingegen nur, weil er annimmt, dass sich die möglichen Schadensfolgen nicht verwirklichen werden. Wäre er sich des Schadens sicher gewesen, hätte er seine Handlung nicht ausgeführt.[136]
Unterhalb der bewussten Fahrlässigkeit befinden sich leichte Fahrlässigkeit und Handlungen im Rahmen des erlaubten Risikos. Die leichte Fahrlässigkeit unterscheidet sich von der groben, bewussten Fahrlässigkeit wiederum durch den Grad der Gewolltheit: Während bei der bewussten Fahrlässigkeit der Handelnde sich der Gefahr seines Handelns bewusst ist und sie trotz der damit verbundenen Gefahr will, realisiert der leicht fahrlässig Handelnde die Möglichkeit des Schadenseintritts gar nicht, obwohl er hierzu in der Lage ist.[137] Der Grad der Gewolltheit ist hier niedriger anzusetzen als im Fall der bewussten Fahrlässigkeit, denn es ist dem Handelnden zuzugestehen, dass er, wenn er von der Gefahr gewusst hätte, die Handlung überhaupt nicht ausgeführt hätte – die Handlung also als Ganzes nicht gewollt hätte. Wer hingegen im Rahmen des erlaubten Risikos handelt, weiß sehr wohl, dass seine Handlung mit einer nicht weiter reduzierbaren Gefahr verbunden ist, auch wenn diese allgemein als gering eingeschätzt wird. Dass eine Handlung innerhalb des erlaubten Risikos trotzdem als nicht strafbar und auch außerhalb des Strafrechts als moralisch nicht vorwerfbar gilt, kann nur durch die an dieser Stelle stattfindende Abwägung zwischen den Rechten des „Täters" und des „Opfers" begründet werden: Auf der einen Seite steht das Recht des Opfers, dessen Rechtsgüter es zu schützen gilt, auf der anderen Seite liegen die Interessen des Täters, ein maximales Maß an Freiheit zu genießen. Wo die Grenze des erlaubten Risikos liegt, hängt daher nicht allein von der objektiven Wahrscheinlichkeit des Schadensein-

---

[136] Juristen unterscheiden zwischen bedingtem Vorsatz und bewusster Fahrlässigkeit an Hand der Lehrformeln „Na wenn schon..." und „Wird schon nicht...". Diese beiden Formeln lassen sich durch den hier vorgestellten Gedanken vervollständigen. Für den bedingten Vorsatz gilt „Na wenn schon, ich mache es trotzdem!". Der bewusst fahrlässig Handelnde denkt hingegen „Wenn tatsächlich was passieren würde, würde ich es nicht machen, aber wird schon nicht!".

[137] Die Gleichsetzung von bewusster und grober Fahrlässigkeit erfolgt im Anschluss an Köhler (Vgl. Michael Köhler, *Strafrecht – AT*, 177.). Sie kann jedoch nicht als herrschende Meinung unter Juristen gelten.

tritts ab, sondern genauso von den Interessen des Handelnden, die er bei der Durchführung der risikobehafteten Handlung verfolgt.[138]

An letzter Stelle stehen schließlich die nicht mehr schuldhaften Handlungen. Wenn der Handelnde die Gefahr nicht nur nicht realisiert hat, sondern sie auf Grund seines Kenntnisstandes auch gar nicht realisieren konnte, hat man von nicht schuldhaftem Handeln auszugehen.[139] Dabei ist die Unmöglichkeit der Realisierbarkeit möglichst eng auszulegen: Wer gegen eine Norm verstößt, weil er momentan und irrtümlicherweise glaubt, dass sich der durch ihre Befolgung sicher abzuwendende Schaden ausnahmsweise nicht verwirklichen kann, handelt trotzdem fahrlässig. Nur wenn der Handelnde alle Sorgfaltspflichten beachtet und sich dennoch ein Schaden verwirklicht, den er nicht vorhersehen konnte, handelt er schuldlos.[140] Eine derartige schuldlose Handlung ist hinsichtlich ihrer Konsequenzen immer noch als eine schlechte Handlung zu beurteilen, aber da die Person ohne jeden Vorsatz gehandelt hat, lassen sich die negativen Folgen in keiner Weise dieser Person zuordnen und können ihr daher auch nicht zum Vorwurf gemacht werden.

Die Grade der Vorsätzlichkeit bilden also das volle Spektrum der Vorwerfbarkeit einer Handlung: Im Falle des *dolus directus* werden die Handlung und deren Folgen vollständig dem Handelnden zur Last gelegt, bei der schuldlosen Handlung werden die Folgen hingegen vollständig den un-

---

[138] So kann eine Glatteisfahrt zum Arzt in den Bereich des erlaubten Risikos fallen. Wird die gleiche Strecke hingegen zum Zigarettenholen zurückgelegt, kann sie als Fahrlässigkeit gewertet werden. (Vgl. Weyma Lübbe, „Erlaubtes Risiko", *Deutsche Zeitschrift für Philosophie*, 1995, 43 (6), 951 – 963.)

[139] Juristen definieren die Schuld allerdings anders, als der Begriff in diesem Zusammenhang verwendet wird. „Schuld ist der freie (selbstbestimmte) Entschluß (Entscheidungsprozeß) zur Unrechtsmaxime, d.h. zur Verletzung des Rechts „als Recht" in bestimmt tatbestandsmäßiger Weise (Willensschuld)." (Michael Köhler, *Strafrecht – AT*, 348.) Neben einer Kenntnis der tatbestandsmäßigen Folgen gehört auch eine Kenntnis der zu Grunde liegenden Rechtsnorm zum schuldhaften Handeln bzw. einer moralischen Regel, die dieses Verhalten verbietet (die sogenannte Parallelwertung in der Laiensphäre). Die Unkenntnis der Norm, die ebenfalls zu nicht schuldhaftem Handeln führen kann, lässt sich allerdings nicht über einen Grad an Vorsätzlichkeit abbilden.

[140] Von Caemmerer nennt das Beispiel eines Gewinners bei einem Preisschießen, der seinen Gewinn – eine Flasche Wein – ungeöffnet an seinen Freund verschenkt. Der Wein ist unglücklicherweise vergiftet, so dass der Freund wenig später stirbt. (Vgl. Ernst v. Caemmerer, „Das Problem des Kausalzusammenhanges im Privatrecht", *Gesammelte Schriften*, ed. Hans Leser (Tübingen: Mohr, 1968), I, 396.

glücklichen Umständen zugeschrieben, so dass dem Handelnden nichts vorgeworfen werden kann. Damit ist auch klar, dass die verschiedenen Grade der Vorsätzlichkeit auch das Strafmaß oder die angemessenen moralischen Sanktionen in entscheidender Weise mitbestimmen. Dennoch kann das Strafmaß nicht als eine bloße Funktion der Vorsätzlichkeit gesehen werden: In die Festsetzung des Strafmaßes fließen (glücklicherweise) nicht nur die Umstände und Intentionen des Täters ein, sondern auch viele utilitaristische Kriterien, wie die Spezial- und Generalpräventionswirkung der Strafe.[141] Der Grad der Vorsätzlichkeit ist daher allenfalls ein grober Indikator, für den gilt: Je weniger vorsätzlich eine Person gehandelt hat, umso weniger ist ihr Verhalten *ceteris paribus* zu sanktionieren.

Der hergestellte Zusammenhang zwischen dem Grad der Vorsätzlichkeit und der Vorwerfbarkeit ist bisher nicht mehr als eine empirische Beschreibung, wie wir innerhalb der Moral oder des Rechts ein Urteil fällen. Eine Moraltheorie darf den empirischen Zustand aber nicht bloß beschreiben, sondern sie muss ihn auch einem normativen Urteil unterwerfen – entweder versuchen, ihn zu rechtfertigen oder ihn kritisieren. Wie kann man nun die schwächere normative Verurteilung von Handlungen mit geringerem Vorsatz rechtfertigen?

Mit den Erkenntnissen aus Abschnitt 4.1 ist diese Aufgabe im Grunde genommen trivial. Wenn Rechte dem Schutz der individuellen Handlungsfreiheit dienen, dann muss jede moralische Sanktion die Handlungsfreiheit des „Opfers" gegen die verlorene Handlungsfreiheit des „Täters" abwägen. Entscheidend ist dabei nicht die Reduzierung der Handlungsfreiheit durch die individuelle Sanktion, also beispielsweise den Freiheitsverlust durch die Haftstrafe, die ein einzelner Täter für seine Tat verbüßen muss. Vielmehr kommt es auf die Beschneidung der Handlungsmöglichkeiten für den Handelnden an. Je mehr von seinen Handlungsmöglichkeiten mit strafrechtlichen und moralischen Sanktionen belegt sind, umso weniger Handlungsoptionen stehen ihm tatsächlich zur Verfügung. Diesen konträren Zusammenhang zwischen dem Schutz der anderen vor den Folgen meines Tuns und meiner eigenen Freiheit hat Ernst von Caemmerer sehr prägnant in einem Satz ausgedrückt: „Würde man auch bei Schuldlosigkeit für die Folgen sei-

---

[141] Vgl. H. L. A. Hart, „Intention and Responsibility", Punishment and Responsibility (Oxford: Clarendon, 1970), 113 – 135.

nes Tuns einstehen müssen, dann könnte sich niemand mehr frei bewegen und frei handeln."[142]

Dieser Gedanke ist nur zu verallgemeinern, um auch erklären zu können, warum die einzelnen Grade der Vorsätzlichkeit unterschiedlich stark sanktioniert werden sollen. Je höher der Grad der Vorsätzlichkeit einer Tat, umso eher sind die Ursachen einer Rechtsverletzung in der handelnden Person zu suchen. Ist der Grad der Vorsätzlichkeit geringer, so liegen die Ursachen der Rechtsverletzung eher in den äußeren Umständen. Da aber die äußeren Umstände eben nicht zum „Meinigen" (Hegel) der handelnden Person gehören, ist diese für sie nicht verantwortlich zu machen. Der Grad der Vorsätzlichkeit spiegelt genau diesen Gedanken wider.

4.3 Zur Unterscheidung von Tun und Unterlassen auf der Grundlage des Vorsatzes

Damit ist auch die weitere Strategie zur Rechtfertigung der Unterscheidung von Tun und Unterlassen klar: Wenn es gerechtfertigt ist, Handlungen mit einem geringeren Grad an Vorsätzlichkeit normativ anders zu beurteilen, das heißt, sie dem Handelnden in einem geringeren Maße vorzuwerfen, dann lässt sich auch die normative Unterscheidung zwischen Tun und Unterlassen rechtfertigen, wenn gezeigt werden kann, dass eine Unterlassung ein geringeres Maß an Vorsätzlichkeit aufweist als ein folgengleiches Tun. In diesem Fall würden die Unterlassungen nicht qua Unterlassungen normativ anders beurteilt werden, sondern das normativ schwächere Urteil von dem geringeren Grad an Vorsätzlichkeit „erben". Die Unterlassung ist dabei lediglich eine Heuristik, die auf einen Unterschied in der Vorsätzlichkeit hindeutet. Der unterschiedliche Grad der Vorsätzlichkeit ist es aber, der die andere moralische Beurteilung rechtfertigt.

Es ist allerdings schwierig, den Beweis für die These zu erbringen, dass ein Zusammenhang zwischen Unterlassungen und einem geringeren Grad der Vorsätzlichkeit besteht, denn diese Behauptung selbst ist keine theoretische, sondern eine empirische Behauptung über unser Handeln. Diese ließe sich daher allenfalls durch umfangreiche psychologische oder soziologische Untersuchungen nachweisen. Da sich aber auch die praktische Philosophie von ihrem theoretischen Ansatz nicht lösen kann, kann ein echter Beweis dieser These nicht erbracht werden, so dass sich diese Arbeit darauf

---

[142] Ernst von Caemmerer, „ Das Problem des Kausalzusammenhangs im Privatrecht", 397.

beschränken muss, diese Behauptung einerseits möglichst plausibel darzustellen und auf der anderen Seite möglichen Einwänden bereits im Vorfeld zu begegnen.[143]

Ein Beispiel soll zunächst die verschiedenen Grade der Vorsätzlichkeit bei Folgengleichheit von Tun und Unterlassen verdeutlichen:

> Der reiche Nicht-Schwimmer A steht am Ufer eines Flusses mit starker Strömung. Sein Erbe B schleicht sich von hinten an und stößt A in den Fluss hinein. Der gute Schwimmer C sieht A im Fluss um Hilfe schreien, rettet A aber nicht. A ertrinkt.

Intuitiv neigt man dazu, bei diesem Beispiel das Verhalten des B als sehr viel schwerwiegender zu bewerten als das des C. Diese unterschiedliche Bewertung geht dabei scheinbar auf den Umstand zurück, dass B etwas tut, während C „nur" die Rettung unterlässt.

Dass es sich bei der Handlung des B um ein verbotenes Tun handelt, ist unzweifelhaft. Da das Rechtsgut „Leben" durch den Tod des A verletzt wird, und dieser gegenüber B ein Recht hat, dass B dieses Rechtsgut nicht verletzt, das nicht durch einen rechtfertigenden Notstand außer Kraft gesetzt wird, verletzt B dieses Recht auf Leben. Die Handlung des B ist daher verboten. Ob und wieweit dies aber B vorzuwerfen ist, hängt vom Grad der Vorsätzlichkeit ab. Dieser ist daher zu prüfen. Dazu ist es hilfreich, das Motiv zu betrachten, auf dessen Grundlage B handelt. Ein mögliches Motiv ist die Erbschaft. Es ist daher plausibel anzunehmen, dass B den Tod des A als ein Mittel wählt, um an diese Erbschaft heranzukommen. Es handelt sich juristisch um einen *dolus directus* 1. Grades.

Wenn man aber annimmt, dass es auch ein Gebot der Hilfeleistung für C gibt, dann hat auch C sich nicht korrekt verhalten. Da der Normzweck des Hilfsgebotes die Abwendung einer lebensbedrohlichen Gefahr ist, ist auch

---

[143] In der modernen praktischen Philosophie ist es keineswegs unüblich, auf eine axiomatische Herleitung der Position zu verzichten und sie „nur" plausibel zu machen, d.h. zu zeigen, dass sie mit wichtigen, weithin akzeptierten moralischen Ansichten übereinstimmt und zur Zeit kein Gegenargument bekannt ist, ohne dass dies eine besondere Erwähnung findet.
Ein theoretisches Fundament findet diese Praxis durch die Anwendung der Popperschen Wissenschaftstheorie auf die Ethik durch Ulrich Steinvorth. Nach dieser Theorie können ethische Theorien anhand von Beispielen durch moralische Intuitionen falsifiziert werden. Eine Verifikation der Theorien ist nicht möglich; die Theorie kann sich allenfalls bewähren, wenn sie vielen Falsifikationsversuchen standgehalten hat.

C verantwortlich zu machen für den Tod des A. Da schließlich die Rettung für den guten Schwimmer C mit keiner lebensbedrohlichen Gefahr verbunden ist, ist die Handlung nicht unzumutbar. Daher liegt auch seitens C's eine Rechtsverletzung vor.

Doch welchen Vorsatz hinsichtlich A's Ertrinken hat C? Es ist weitaus schwieriger abzuschätzen, was C eigentlich gewollt hat, während er am Ufer stand. Anders als B, der sich die Folgen seiner Handlung vorher gründlich überlegen konnte, hat C nur wenig Zeit, sich zu entscheiden. Je nachdem wie lange A es im Fluss ausgehalten hat (und wie lange eine erfolgreiche Rettungsaktion gedauert hätte – vgl. Abschnitt 2.1), sind dies zwischen wenigen Sekunden und vielleicht einigen Minuten. Auf Grund dieser kurzen Zeitspanne ist C hinsichtlich der Beurteilung der Folgen seines Handelns benachteiligt. Er hat – anders als B – keine Möglichkeit, seine Handlung zu verschieben, um die Situation genauer zu prüfen. Doch wenn man nicht unterstellen will, dass C durch das Gesehene während der gesamten Zeitspanne unter Schock stand und zu keiner Entscheidung fähig gewesen ist, muss man davon ausgehen, dass C dennoch eine bewusste Entscheidung getroffen hat, nicht zu handeln.

Solange die Gründe der Entscheidung aber unbekannt sind, kann man über den Grad der Vorsätzlichkeit nur spekulieren. Wollte C den Tod von A genauso wie B? Dies ist eine Möglichkeit. Es ist aber genauso möglich, dass C den Tod überhaupt nicht wollte. Es klingt durchaus plausibel, dass C vielleicht geglaubt hat, dass ein anderer A retten werde oder A sich selbst rette. Wenn dies der Fall ist, so hat C den Tod von A nicht als sicher angesehen. Doch selbst wenn C sich der Möglichkeit des Todes von A bewusst war, so bedeutet dies noch nicht, dass er dessen Tod auch gewollt hat. Es ist zwar richtig, dass er in seiner Situation die Wahl zwischen dem Handeln, also der Rettung, und der Unterlassung, die den Tod für A bedeutete, hatte und sich in dieser Situation für den Tod des A entschieden hat. Was die Gründe für diese Entscheidung sind, bleibt aber völlig offen. Es war vielleicht nicht der Wunsch, A zu töten, sondern die Angst vor dem kalten Wasser oder einer Erkältung, die ihn davon abhielten, A zur Hilfe zu kommen. Es kann sogar der Schutz seiner materiellen Güter sein, der A dazu verleitet, die Rettung zu unterlassen: Vielleicht will C nur seinen Sonntagsanzug nicht verschmutzen und springt deswegen nicht ins Wasser. Diese Wünsche können angesichts des drohenden Verlusts eines Menschenlebens nicht für erheblich gehalten werden und daher das Verhalten des C auch nicht rechtfertigen. Entscheidend ist aber, dass in diesem Fall der Wille ausschließlich negativ bestimmt wird: C will die Folgen seiner Unterlassung nicht, aber die Folgen des Tuns will er noch weniger. Wenn er sich also gegen das Handeln entscheidet, dann nur, weil er diese Wahl unter den gegebenen Umständen für die (für ihn) beste Option hält, nicht weil er die Unterlassung oder deren Folgen will. Der Grad der Gewolltheit ist in diesem Falle also niedriger als im Falle eines Tuns.

Dies lässt sich auch an der juristischen Bestimmung des Vorsatzes festmachen. Während B, der es auf das Erbe von A abgesehen hat, mit dem Vorsatz des *dolus directus* 1. Grades gehandelt hat, handelt es sich bei C's Verhalten, solange sein Wille in oben angegebener Weise negativ bestimmt ist, nur um einen *dolus directus* 2. Grades, denn C „handelt" allenfalls wissentlich, aber nicht absichtlich. Zieht man zudem in Betracht, dass C sich eventuell auf Grund der kurzen Zeitspanne, die ihm zur Beurteilung der Sachverhalts zur Verfügung stand, der Folgen seiner Unterlassung nicht sicher war, dann handelt es sich sogar „nur" um einen *dolus eventualis* oder eine bewusste Fahrlässigkeit. Der Grad der Vorsätzlichkeit der Unterlassung des C war also geringer als der von B's Handlung, und C ist daher der Tod des A in geringerer Weise vorzuwerfen als B. Die unterschiedliche Bewertung hat sich also nur scheinbar an der Unterscheidung von Tun und Unterlassen orientiert. Das wirkliche Kriterium ist der unterschiedliche Grad der Vorsätzlichkeit.

Es wäre jedoch eine gefährliche Präsumtion zu behaupten, dass Unterlassungen immer mit einem geringeren Grad der Vorsätzlichkeit begangen werden als Handlungen. Es ist klar, dass im vorliegenden Beispiel eine Vielzahl von Annahmen über Handlungsmotive von B und C gemacht wurden, die nicht notwendigerweise zutreffend sein müssen. Im Gegenteil: Vielleicht will B, in dem festen Glauben, dass A schwimmen könne, sich nur einen Scherz mit ihm erlauben. Er ist sich der Lebensgefahr, in die A durch seine Handlung kommt, gar nicht bewusst. Auf der anderen Seite hat der ebenfalls erblich begünstigte C im Bruchteil einer Sekunde realisiert, dass dies eine großartige Möglichkeit ist, seine Erbschaft vorzeitig anzutreten. Er entscheidet sich also gegen die Rettung von A, weil er dessen Tod will. In diesem Fall handelt B bloß fahrlässig, während die Unterlassung des C ein *dolus directus* ist.

Diese Möglichkeit ist nicht auszuschließen. Man kann also nicht von einer *notwendigen* Verbindung zwischen Unterlassungen und einem geringeren Grad an Vorsätzlichkeit sprechen, sondern allenfalls von einer statistischen Korrelation. Unterlassungen werden oft – aber eben nicht immer – mit einem geringeren Grad der Vorsätzlichkeit begangen.

Diese Einschränkung stellt keine Immunisierungsstrategie dar, die nur dazu dient, einer möglichen Falsifizierung durch Gegenbeispiele zu entgehen, sondern sie reflektiert eine Tatsache menschlichen Handelns: Menschen handeln aus verschiedenen Gründen und mit verschiedenen Motiven. Eine Theorie, die eine empirische Aussage über menschliches Handeln macht, muss auf diesen Umstand Rücksicht nehmen und auf strenge Allgemeingültigkeit verzichten.

Wenn Tun und Unterlassen sich im Grad der Vorsätzlichkeit unterscheiden, wird damit die Behauptung zurückgewiesen, dass sie sich *ceteris paribus* unterscheiden. Im Gegenteil: Tun und Unterlassen sind gerade deswegen normativ unterschiedlich zu bewerten, weil sie sich im Normalfall im Grad der Vorsätzlichkeit unterscheiden und die *ceteris paribus*-Klausel deswegen nicht erfüllt ist.

Es gilt sogar der Umkehrschluss: *Ceteris paribus* sind Tun und Unterlassen gleich. Das heißt, wenn auf Grund besonderer Informationen erwiesen ist, dass ein Handelnder und ein Unterlassender in gleicher Weise vorsätzlich gehandelt haben, sind ihre Verhaltensweisen auch normativ gleich zu bewerten. Die Unterscheidung von Tun und Unterlassen ist kein eigenständiges normatives Kriterium, sondern basiert auf der Tatsache, dass in den meisten Fällen, in denen wir über Tun und Unterlassen zu urteilen haben, die *ceteris paribus*-Klausel nicht erfüllt ist, sondern die Unterlassungen in einem geringeren Grad vorsätzlich sind als das folgengleiche Tun. Doch wie kann man einen solchen Zusammenhang zwischen Vorsätzlichkeit und Handlungsmodus nachweisen?

Nach dem im vorherigen Abschnitt explizierten Begriff der Vorsätzlichkeit ist der Grad der Vorsätzlichkeit einer Handlung umso höher, je höher der Grad der Gewolltheit und je höher der Grad der Erwartetheit ist. Um zu zeigen, dass der Grad der Vorsätzlichkeit von Unterlassungen geringer ist als der von aktiven Handlungen, ist zu zeigen, dass Unterlassungen entweder in einem geringeren Grad gewollt werden oder aber die tatsächlichen Folgen einer Unterlassung in einem geringeren Maß erwartet werden als die eines Tuns. Es ist relativ einfach zu zeigen, dass beide Bedingungen erfüllt sind.

Für den Grad der Erwartetheit ist dieser Nachweis trivial. Auch wenn die Feststellung „Wer den Zweck will, will auch [...] das dazu notwendige

Mittel."[144] falsch sein mag, so ist es schwer zu bestreiten, dass, wer ein Mittel will, ein solches Mittel will, das für den beabsichtigten Zweck möglichst geeignet ist. Wenn ein Akteur handelt, so wird er sich für diejenige Handlung entscheiden, deren Erfolgsaussichten er für am größten hält – er versucht also aus eigenem Interesse eine Handlung auszuwählen, bei der die subjektive Wahrscheinlichkeit, dass die beabsichtigte Folge eintritt, maximal ist. Tritt ein Schaden als Folge eines *Tuns* ein, ist daher *prima facie* davon auszugehen, dass die tatsächlichen und die erwarteten Folgen identisch sind.

Wer hingegen etwas unterlässt, hat keine Möglichkeit, aus verschiedenen Handlungsmöglichkeiten auszuwählen, deren „Erfolgsaussichten" er gegeneinander abwägen kann. Wie groß die Wahrscheinlichkeit ist, dass ein Schaden im Falle seiner Unterlassung entsteht, kann er überhaupt nicht beeinflussen. Das obige Beispiel macht diesen Unterschied sehr plausibel: Während B aus den verschiedenen Möglichkeiten, A ins Wasser zu stoßen, diejenige auswählen wird, von der er glaubt, dass sie A am ehesten ins Wasser befördert, gibt es keine Entsprechung für C. Wenn C sich für eine Unterlassung entscheidet, dann tut er das (normalerweise) nicht im Hinblick auf eine Erwartungsmaximierung hinsichtlich der Schadensfolgen für A. Fehlt diese Erwartungsmaximierung aber, dann ist davon auszugehen, dass der Grad der Erwartung niedriger liegt.

Dennoch kann der Modus der Handlung, ob Tun oder Unterlassen, selbstverständlich nur ein *prima facie*-Urteil für den Grad der Erwartetheit sein. Sobald etwa das Motiv des Handelnden bekannt ist, lassen sich auch seine Handlungserwartungen sehr viel besser abschätzen. Diesen konkreten Informationen ist daher der allgemeinen Unterscheidung zwischen Tun und Unterlassen der Vorzug zu geben. Der Modus der Handlung ist also nur ein Indikator für den Fall, dass keine genaueren Informationen über die Erwartungen des Handelnden vorliegen.

Auch für die Gewolltheit gilt, dass ein Tun auf einen höheren Grad hindeutet als eine Unterlassung, auch wenn der Nachweis in diesem Falle komplizierter ist als im Fall der Erwartetheit. Es ist klar, dass, wer aktiv handelt, im Allgemeinen etwas will. Die Tatsache, dass eine handelnde Person ihre Untätigkeit überwindet und sich zu einer Handlung entschließt, legt es nahe, dass sie zumindest irgendeine der erwarteten Folgen ihrer Handlung

---

[144] Immanuel Kant, „Grundlegung zur Metaphysik der Sitten", *Kants Werke – Akademie-Textausgabe* (Berlin: Walter de Gruyter & Co, 1968), IV, 418.

wollte, denn Menschen handeln aus einem Interesse – normalerweise dem Interesse an der Handlung selbst oder ihren Folgen. Die Handlungsbestimmung des Unterlassers kann hingegen vollständig negativ bestimmt sein. Seine Entscheidung fällt er auf Grund der Tatsache, dass er etwas nicht will, nämlich die Handlung. Es scheint so, als sei der Grad der Gewolltheit dieses Nicht-Wollens im Falle der Unterlassung niedriger als das positiv bestimmte Wollen im Falle des Handelnden.

Gegen diesen Schluss muss man jedoch einwenden, dass auch derjenige, der etwas unterlässt, sich für eine Verhaltensweise entscheidet, aus der ein Schaden folgt. Es ist ihm zwar im Normalfall nicht zu unterstellen, dass er diesen Schaden herbeiführen will. Aber es ist ihm dennoch vorzuwerfen, dass er sich für eine Gesamtfolgenkonstellation entscheidet, zu der auch die Schadensfolge gehört. So will C vielleicht nicht den Tod des A, aber es ist ihm lieber, dass A stirbt, als sich selbst zu erkälten. Dies bedeutet noch nicht, dass er den Tod des A als ein Mittel oder einen Zweck will, aber unter den gegebenen Umständen führt er wissentlich den Tod herbei. Es handelt sich also, sofern C das Ertrinken des A sicher erwartet, immerhin um einen *dolus directus* 2. Grades.

Wenn man einräumt, dass aber auch aktive Handlungen oft „nur" wissentlich begangen werden, scheint es sehr viel unplausibler zu behaupten, dass der Unterlassende die Folgen seiner Handlung in geringerem Maße will als der aktiv Handelnde. Auch ein aktiv Handelnder kann in vielen Fällen für sich in Anspruch nehmen, dass er zwar die Folgen vorausgesehen habe, aber diese nicht als Mittel oder Zweck seiner Handlung gewollt habe. Wer beispielsweise in eine Bank eindringt, indem er ein Loch in die Wand sprengt, wodurch Mitarbeiter der Bank zu Tode kommen werden, handelt auch „bloß" wissentlich. Er will ja nur die Bank ausrauben; der Tod der Mitarbeiter ist eine ungewollte Nebenfolge. Wenn man zusätzlich bedenkt, dass es auch Beispiele von Unterlassungen gibt, in denen der Unterlassende die Folgen nicht bloß voraussieht, sondern tatsächlich will, dann scheint die These, dass Unterlassungen in einem geringeren Grade gewollt werden als aktive Handlungen, nicht mehr besonders überzeugend.

Um diese These zu rechtfertigen, reicht es daher nicht aus, auf das Nicht-Wollen des Unterlassenden zu verweisen, sondern es bedarf eines weiteren Arguments. Ein solches Argument lässt sich aber leicht entwickeln, wenn man die auf Bennet zurückgehende Unterscheidung zwischen Ge- und Verboten aus Abschnitt 2.3 zu Grunde legt.

Die Unterscheidung basierte darauf, dass Verbote nur wenige Handlungsmöglichkeiten, denen bestimmte unerwünschte Folgen gemeinsam sind, ausschließen, während Gebote den Akteur dazu zwingen, seine Handlung aus einer kleinen Zahl von Handlungen mit bestimmten Folgen zu wählen. Verbote untersagen eine endliche Zahl von Handlungen und erlauben alle anderen. Gebote zwingen den Handelnden dazu, aus einer endlichen Zahl von Handlungsmöglichkeiten zu wählen und verbieten alle anderen.

Wenn ein rechtlich relevantes Tun also im Verstoß gegen eine Verbotsnorm besteht, dann wählt der Handelnde aus der unendlichen Zahl seiner Handlungsmöglichkeiten genau eine solche Handlung aus, die gegen das Verbot verstößt. Den verbotenen Handlungen ist gemeinsam, dass entweder die verbotene Handlung selbst oder eine mögliche Folge die Rechte einer anderen Person verletzt. Die handelnde Person, die gegen ein Verbot verstößt, sucht sich also aus der unendlichen Zahl der Handlungsmöglichkeiten genau eine Handlung aus der endlichen Gruppe der verbotenen Handlungen aus, die entweder um ihrer selbst willen oder auf Grund ihrer Folgen verboten sind. Es ist daher eher davon auszugehen, dass diese Handlung im Allgemeinen gerade deswegen gewählt wird, weil ihre rechtswidrigen Folgen gewollt werden. Die Handlung ist daher meist nicht bloß wissentlich, sondern auch willentlich.

Bei der Übertretung von Geboten verhält es sich genau umgekehrt: Hier wählt der Handelnde aus der unendlichen Zahl von Handlungen, die dem Gebot nicht genügen, eine beliebige aus. Es ist daher weitaus weniger wahrscheinlich, dass er durch sein Nicht-Eingreifen die Unterlassung oder ihre Folgen verwirklichen will, sondern dass er zum Zeitpunkt der Unterlassung durch eine andere Handlung, die er völlig unabhängig von der Gebotsverletzung wählt, einen anderen Zweck verfolgt. Er verletzt das Handlungsgebot in diesem Fall zwar wissentlich, aber im Regelfall nicht absichtlich, denn er will die Gebotsverletzung nicht als Mittel oder Zweck.

Die Unterscheidung im Grad der Gewolltheit beschränkt sich aber nicht nur auf die Unterscheidung zwischen dem Beabsichtigten und dem lediglich Vorhergesehenen. Im Gegenteil: Sie gilt erst recht für die Unterscheidung zwischen dem Vorhergesehenen und dem Unvorhergesehenen. Es ist wesentlich wahrscheinlicher, dass eine Person eine Unterlassung unwissentlich begeht als ein Tun. Während es beim Tun ausreicht, die eigene Handlung und ihre Folgen zu betrachten, setzt das wissentliche Begehen einer Unterlassung ein umfangreiches Wissen über die Umgebung voraus. Um wissentlich etwas zu unterlassen, reicht es nicht aus festzustellen, dass man selbst untätig ist, sondern man muss sowohl die vollständige Situation, die

die Handlung notwendig macht, als auch die Möglichkeit zum Handeln erkennen.[145]

Dennoch handelt es sich auch hierbei wiederum nur um eine Heuristik beziehungsweise ein *prima facie*-Urteil. Der Handlungsmodus kann auch hier nur als ein Indikator für den Grad der Gewolltheit gelten. Sollten weitergehende Informationen bezüglich der Absicht und des Motivs vorliegen, die auf einen anderen Grad der Vorsätzlichkeit deuten, so ist diesen der Vorzug zu geben. Die Unterscheidung von Tun und Unterlassen ist damit insgesamt nicht mehr als eine Heuristik für den Grad der Vorsätzlichkeit, der die eigentliche normative Relevanz der Handlung bestimmt.

Obwohl der Unterscheidung zwischen Tun und Unterlassen selbst keine normative Relevanz zukommt, lässt sie sich dennoch nicht aus der Ethik eliminieren. Sie wird nach wie vor als ein moralisches Kriterium benötigt, weil normative Urteile oft auf einer epistemisch sehr begrenzten Basis stattfinden. Nur in den seltensten Fällen wissen wir über Motiv und Absicht des Handelnden wirklich Bescheid. Es bleibt uns daher nichts anderes übrig, als auf Kriterien zurückzugreifen, die einfach und schnell zu erkennen sind.

Auf diese Weise lässt sich auch die Strafmilderungsmöglichkeit des § 13 Abs. 2 des deutschen Strafgesetzbuches erklären und rechtfertigen. Juristen bemängeln oft die Unbestimmtheit der Strafmilderungsmöglichkeit:

§ 13 Begehen durch Unterlassen

(1) Wer es unterlässt, einen Erfolg abzuwenden, der zum Tatbestand eines Strafgesetzes gehört, ist nach diesem Gesetz nur dann strafbar, wenn er rechtlich dafür einzustehen hat, dass der Erfolg nicht eintritt, und wenn das Unterlassen der Verwirklichung des gesetzlichen Tatbestandes durch ein Tun entspricht.

(2) Die Strafe kann nach § 49 Abs. 1 gemildert werden.

---

[145] Diese Position unterscheidet sich stark von Birnbachers Position, der die Kenntnis der Situation und der Handlungsmöglichkeit bereits voraussetzt. Anders als bei Birnbacher ist es bei dieser Position möglich, eine Unterlassung in völliger Unwissenheit zu begehen. Diese Unterlassung wäre dann allerdings nach den in Abschnitt 4.2 angegebenen Kriterien wahrscheinlich schuldlos. (Vgl. Birnbacher, *Tun und Unterlassen* (Stuttgart: Reclam, 1995), 37f.)

Es ist im Abs. 2 eine Möglichkeit der Strafmilderung vorgesehen; aber es wird kein Kriterium angegeben, wann von dieser Möglichkeit Gebrauch zu machen ist. Dies wird von Juristen als unbefriedigend empfunden, da es mit dem Bestimmtheitsgrundsatz im Artikel 103 des Grundgesetztes unvereinbar scheint.[146]

Wenn die Unterscheidung von Tun und Unterlassen als ein grober Indikator für den Grad der Vorsätzlichkeit dient, dann kann sie die unterschiedliche Behandlung von Tun und Unterlassen nicht nur normativ rechtfertigen, sondern bietet gleichzeitig ein Kriterium, wann die Strafmilderungsmöglichkeit anzuwenden ist: Liegen in einem konkreten Fall genauere Kenntnisse über den Vorsätzlichkeitsgrad des Angeklagten vor, so ist diesen der Vorrang zu geben. Wenn diese zeigen, dass der Grad der Vorsätzlichkeit der gleiche ist wie bei einer aktiven Handlung, dann ist von der Strafmilderung abzusehen. Wenn hingegen keine weiteren Erkenntnisse über den tatsächlichen Grad der Vorsätzlichkeit vorliegen, gilt in *dubio pro reo*: Dann ist davon auszugehen, dass die Unterlassung in einem geringeren Grad vorsätzlich gewesen ist als ein Tun mit gleichen Folgen, und dies ist beim Strafmaß zu berücksichtigen.

Schließlich lässt sich noch ein weiteres juristisches Problem lösen: Juristen sind oft darüber erstaunt[147], dass die Unterscheidung zwischen Tun und Unterlassen nur im Strafrecht relevant ist, bei der Beurteilung zivilrechtlicher Haftungsfragen – zumindest für den Bereich der Haftung aus unerlaubter Handlung – hingegen außer Acht gelassen wird. Auch dieses ist relativ leicht zu erklären: Die Frage der Vorsätzlichkeit spielt nur im Strafrecht (oder bei der Verteilung von Sanktionen, die außerhalb des positiven Rechts liegen, wie beispielsweise sozialen Sanktionen) eine Rolle. Die Frage, ob eine Person zum Schadensersatz verpflichtet ist, ist hingegen bis auf wenige Ausnahmen[148] davon unabhängig, inwieweit sie den vorsätzlich oder fahrlässig herbeigeführten Schaden gewollt oder erwartet hat – und damit auch von der Frage, ob dieser Schaden durch ein Tun oder eine Unterlassung entstanden ist.

---

[146] Vgl. Michael Köhler, *Strafrecht – AT*, 214.

[147] Dieses Problem wurde jedenfalls mehrfach von Juristen in privaten Gesprächen aufgeworfen.

[148] Vgl. beispielsweise § 826 BGB, der Schadensersatz nur für eine vorsätzliche Schadenszufügung durch Verstoß gegen die guten Sitten vorsieht.

4.4 Abwendung möglicher Kritik

An dieser Stelle sollen zwei wichtige Argumente diskutiert werden, die der hier vorgebrachten These zu widersprechen scheinen: die Theorie des Doppelten Effekts und die Kritik, die Dieter Birnbacher in seinem Buch *Tun und Unterlassen*[149] vorträgt.

Dass die Theorie des Doppelten Effekts an dieser Stelle diskutiert werden muss, ist offensichtlich: Eine Unterscheidung zwischen Tun und Unterlassen, die den normativen Unterschied auf den Grad der Vorsätzlichkeit zurückführt, erinnert zwangsläufig an die Theorie des Doppelten Effekts. Es gibt kaum eine Theorie, die in den letzten 20 Jahren so intensiv in der praktischen Philosophie diskutiert wurde wie die „Doctrine of Double Effect".[150]

Es liegt nahe anzunehmen, dass die Argumente, die gegen die Theorie des Doppelten Effekts vorgebracht wurden, in gleicher Weise auf die hier vorgestellte Theorie zutreffen. Angesichts der Anzahl der Argumente ist es aber schlechterdings unmöglich, sie gegen jeden dieser Einwände zu verteidigen. Daher kann an dieser Stelle nur gezeigt werden, dass sich die hier aufgestellte neue Auffassung von der Theorie des Doppelten Effekts signifikant unterscheidet und in ihren Ansprüchen weitaus bescheidener ist, so dass die Kritik nicht in gleicher Weise auf sie zutrifft.

Die Theorie des Doppelten Effekts sieht vor, dass Handlungen moralisch erlaubt oder gar geboten sein können, obwohl sie negative Nebenfolgen in Form von schweren Rechtsverletzungen haben, wenn die folgenden vier Kriterien erfüllt sind:[151]

1. Die Handlung selbst muss moralisch gut oder zumindest indifferent sein. (Sie darf nicht selbst eine Rechtsverletzung darstellen.)
2. Nur die guten Folgen der Handlung dürfen als Zweck beabsichtigt sein.

---

[149] Dieter Birnbacher, *Tun und Unterlassen* (Stuttgart: Reclam, 1995).

[150] Der Philosopher's Index liefert *sub voce* „Double Effect" fast 150 Einträge. Einen guten Überblick über die neuere Forschungsliteratur zum Thema bietet der Aufsatz von Sophie Bortos „An Error About the Doctrine of Double Effect". (Vgl. Sophie Botros, „An Error About the Doctrine of Double Effect", *Philosophy*, 74 (1999), 71 – 83.)

[151] ibid., 72.

3. Die schlechten Folgen dürfen nicht ein Mittel zur Verwirklichung des Zwecks sein.
4. Der Nutzen der Handlung muss groß genug sein, um den bewirkten Schaden zu rechtfertigen.

Die Theorie des Doppelten Effekts wird oft verteidigt, weil sich unsere intuitiven Urteile in vielen Beispielsfällen scheinbar nur durch Rückgriff auf den Doppelten Effekt erklären lassen. Die Kritiker versuchen hingegen zu zeigen, dass einerseits in jedem dieser Beispiele auch andere moralisch relevante Faktoren das Urteil bestimmt haben könnten und andererseits die Theorie des Doppelten Effekts in anderen Beispielfällen völlig kontraintuitive Ergebnisse liefert.[152]

Diese Kritik mag berechtigt sein oder nicht, aber sie trifft aus zwei Gründen nicht in gleicher Weise auf die hier vorgestellte Theorie zu: Der erste Grund liegt darin, dass der Grad der Vorsätzlichkeit nicht ausschließlich davon abhängig ist, ob der Schaden als ein Mittel oder Zweck gewollt wird oder lediglich eine vorhergesehene Nebenfolge ist. Die Frage, was bloß eine Folge ist und was tatsächlich beabsichtigt wurde, ist zwar im Rahmen der Bestimmung der Vorsätzlichkeit relevant, aber sie ist nicht das einzige relevante Kriterium: Anders als in der Doktrin des Doppelten Effekts wird auch in Betracht gezogen, dass Akteure hinsichtlich ihres Handelns unsicher sein können.[153] Die Folgen werden im Fall der Unsicherheit zwar immer noch als möglich vorhergesehen; aber da sich der Akteur hinsichtlich ihres Eintritts nicht sicher ist, handelt er nur fahrlässig oder bedingt vorsätzlich. Damit erlaubt die Untersuchung der Vorsätzlichkeit eine differenziertere Analyse als die holzschnittartige Einteilung der Theorie des Doppelten Effekts.

Weitaus problematischer scheint aber die Bedeutung, die die Theorie des Doppelten Effekts der Unterscheidung von beabsichtigtem und wissentlichem Handeln bei der normativen Bewertung von Handlungen beimisst. Die dort vorgenommene scharfe Grenzziehung ist nicht haltbar, wenn man

---

[152] Der Aufsatz „The Problem of Abortion and the Doctrine of the Double Effect" von Philippa Foot ist exemplarisch für dieses Vorgehen. (Vgl. Philippa Foot, „The Problem of Abortion and the Doctrine of the Double Effect", Virtues and Vices and other Essays in Moral Philosophy (Oxford: Blackwell, 1978), 19 – 33.)

[153] Wenn überhaupt der Sicherheit des Folgeneintritts Beachtung geschenkt wird, dann wird sie nicht als eigenständiges moralisches Kriterium aufgefasst, sondern als eine Folge der Unterscheidung zwischen beabsichtigtem und unbeabsichtigtem Handeln.

die feineren Graduierungen der Vorsätzlichkeit ins Auge fasst: So ist es möglich, dass eine Nebenfolge der Handlung weder als Zweck der Handlung gewollt wird, noch ein Mittel zur Verwirklichung des Handlungszwecks ist, obwohl der Handelnde diese Nebenfolge begrüßt. Auf der anderen Seite ist es möglich, dass jemand *nolens volens* mangels Alternativen sein lobenswertes Ziel durch eine Rechtsgutverletzung verwirklicht. Auch wenn zwischen beiden Handlungen ein moralischer Unterschied besteht, so scheint er nicht ausreichend, um die eine Handlung zu rechtfertigen und die andere Handlung zu verbieten.

Dies ist der zweite wichtige Punkt, in dem sich die Unterscheidung gemäß dem Grad der Vorsätzlichkeit von der Theorie des Doppelten Effekts abhebt. Die Theorie des Doppelten Effekts nimmt an, dass es hinsichtlich der Zulässigkeit von Handlungen eine Rolle spielt, ob die Schadensfolgen selbst beabsichtigt sind. Nach der hier vorgestellten Zurechnungstheorie muss dies aber explizit abgelehnt werden. Der Grad der Vorsätzlichkeit wird erst dann relevant, wenn bereits darüber entschieden worden ist, ob die Handlung eine ungerechtfertigte Rechtsgutverletzung darstellt. Eine Handlung, die in dieser Weise die Rechte eines anderen verletzt, kann daher nicht durch den Verweis auf einen geringen Grad der Vorsätzlichkeit gerechtfertigt werden. Um eine Rechtsgutverletzung zu rechtfertigen, bedarf es des Vorliegens von Umständen, die nicht lediglich im Bereich des Wollens und Wissensstandes eines Akteurs liegen.[154]

Durch diese Einschränkung kann die hier vorgestellte Zurechnungstheorie der vielfältigen Kritik, die gegen den Doppelten Effekt vorgebracht wurde, entgehen. Die Theorie kann nicht durch den Verweis auf Beispiele falsifiziert werden, in denen sie Handlungen erlaubt, die intuitiv für unzulässig gehalten werden. Allerdings erfüllt sie auch nicht mehr den Zweck, zu dem die Theorie des Doppelten Effekts eingeführt wurde, nämlich das Auflösen

---

[154] Bennet bezeichnet die Absichten des Akteurs sehr treffend als ein Unterscheidungskriterium, das nur in der „Moral zweiter Ordnung" (*second-order morality*) eine Rolle spielt: „In my opinion, it is a mistake to think of first-order morality – morality for the guidance of deliberating agents – as making any use of the concepts of the deliberator's future intentions. [...] The concept of intentions has a role in second-order morality, i.e., in guiding judgements on people in respect of past actions. How much I blame someone depends in part on his intention in acting."
(Jonathan Bennet, „Morality and Consequences", *The Tanner Lectures on Human Values II*, ed. Sterling M. McMurrin (Salt Lake City: University of Utah Press, 1981), 48 – 116.)

einiger schwieriger moralischer Dilemmata. Diese Probleme bestehen weiter. Dennoch können die Erkenntnisse aus der hier vertretenen Zurechnungstheorie zu der Debatte beitragen, denn sie hat gezeigt, dass eine Lösung überhaupt nur dann akzeptabel sein kann, wenn sie die Handlung *ohne* Rückgriff auf die Absichten des Akteurs rechtfertigen kann.

Ein weiterer Einwand kommt von Dieter Birnbacher, der die hier vorgestellte These gleichsam „vorausgeahnt" hat. In seinem Buch *Tun und Unterlassen* widmet er den „verborgenen Parametern", die die unterschiedliche normative Bewertung von Tun und Unterlassen rechtfertigen können, ein eigenes Kapitel. Eine Unterscheidung hinsichtlich ihres unterschiedlichen Grades der Vorsätzlichkeit wird zwar nicht angesprochen, aber er diskutiert die Möglichkeit, dass sich Tun und Unterlassen hinsichtlich der Sicherheit des Schadenseintrittes oder hinsichtlich der Absichtlichkeit unterscheiden. Damit erörtert er – wenn auch getrennt – beide Kriterien, die zur Bestimmung der Vorsätzlichkeit dienen, lehnt aber beide als Merkmale für die Unterscheidung von Tun und Unterlassen ab.

Unter der Überschrift „Sicherer versus unsicherer Schadenseintritt" diskutiert er zunächst die Relevanz der Erwartungshaltung des Akteurs für das moralische Handeln. Hierbei trennt Birnbacher terminologisch nicht sauber zwischen der objektiven (statistischen) Wahrscheinlichkeit des Schadenseintritts und der Erwartungshaltung des Akteurs. Obwohl der Titel „Sicherer versus unsicherer Schadenseintritt" auf eine Unterscheidung gemäß der objektiven Wahrscheinlichkeit hindeutet, geht es Birnbacher eher um „den Grad an Sicherheit, mit [dem der] Eintritt [der moralisch relevanten Folgen] erwartet wird oder zu erwarten ist."[155] Tatsächlich geht es ihm also um eine subjektive (oder inter-subjektive) Abschätzung der Wahrscheinlichkeit des Folgeneintritts zum Zeitpunkt der Handlung – mithin um die Erwartungshaltung des eigentlichen Akteurs und anderer Beteiligter. Diese sei selbstverständlich relevant für die Beurteilung der Handlung:

> Je größer die Sicherheit, mit der eine negative Verhaltensfolge erwartet wird, desto größer die Begründungslast für den Akteur, sein Verhalten durch kompensierende positive Folgenerwartungen zu legitimieren. Sind die Folgen eines Handelns zum Zeitpunkt der Handlung durchweg oder in der weit überwiegenden

---

[155] Birnbacher, *Tun und Unterlassen*, 189.

Zahl der Fälle sicherer als die Folgen des Unterlassens zum Zeitpunkt des Unterlassens?[156]

Für den Bereich der vorsätzlichen Handlungen bejaht Birnbacher dies und verwendet dabei dasselbe Argument, wie es im vorherigen Abschnitt dargestellt wurde:

> Beim Handeln nimmt der Akteur den Verlauf der Ereignisse selbst in die Hand und steuert ihn auf das erwünschte Ergebnis zu, während er sich beim Unterlassen zwangsläufig auf anderweitige Agenzien verlassen muss.[157]

Bei der Handlung bestimmt also der Handelnde die Wahrscheinlichkeit des Schadenseintritts selbst, der Unterlassende hat keinen Einfluss auf die Wahrscheinlichkeit mehr, sobald er sich entschieden hat, eine gebotene Handlung nicht auszuführen. Damit scheint in der Tat ein moralisch relevanter Unterschied hinsichtlich der Erwartungshaltung zwischen Tun und Unterlassen zu bestehen.

Birnbacher wendet jedoch ein, dass dieser Schluss allenfalls für intendierte und direkte Schädigungen gelte. Bei fahrlässigen oder unwissentlichen Schädigungen bestehe „zum Zeitpunkt des Verhaltens gewöhnlich keine Sicherheit über die Folgen."[158] Darüber hinaus seien die Folgen von Handlungen – trotz der Möglichkeit der Mittelwahl durch den Handelnden – niemals mit Sicherheit zu erreichen, weil ein ‚todsicheres Mittel' gar nicht zur Verfügung stehe.

Diese beiden Einwände sind berechtigt, aber sie reichen nicht aus, um die These zu widerlegen, dass „Handlung[en] [...] in der weit überwiegenden Zahl der Fälle sicherer"[159] die erwarteten Folgen herbeiführen. Birnbacher hat zwar mit der Behauptung Recht, dass der fahrlässig oder unwissend Handelnde die Schadensfolgen nicht erwartet hat, doch um ein schlüssiges Argument vorzulegen, müsste er zudem noch zeigen, dass nicht genauso viele oder sogar mehr Unterlassungen fahrlässig oder unwissend begangen werden. Genau dieses wurde aber im vorherigen Abschnitt dieser Arbeit dargelegt. Um festzustellen, ob ein Schaden (auch) die Folge einer eigenen

---

[156] ibid., 189-190.
[157] ibid., 190.
[158] ibid., 191.
[159] ibid., 190.

Unterlassung ist, reicht es nicht, die Folgen der eigenen Handlungen zu kennen, sondern es müssen zusätzlich die drohende Gefahr und die Möglichkeit eines Eingriffs erkannt werden. Aus diesem Grunde ist die Wahrscheinlichkeit, die Folgen einer Unterlassung nicht zu realisieren, höher als bei einer Handlung.

Auch das zweite Argument – dass auch ein Handelnder sich des Schadenseintritts nie sicher sein kann – reicht nicht aus, um die hier vorgetragene Position zu widerlegen. Es ist unbestreitbar, dass auch der Handelnde infolge seiner Erwartungsoptimierung durch die Mittelwahl nur in seltenen Fällen wirklich hundertprozentig sicher sein kann, dass die Folgen tatsächlich eintreten. Doch für eine Unterscheidung zwischen Tun und Unterlassen reicht es aus, wenn die Erwartungshaltung im Allgemeinen „höher" liegt. Und diese Behauptung wird durch die Feststellung, dass sich auch der Handelnde des Schadenseintritts nicht sicher sein kann, nicht falsifiziert. Die Unterscheidung von Tun und Unterlassen hinsichtlich der unterschiedlichen Erwartungshaltung seitens des Akteurs kann daher Birnbachers Kritik standhalten.

Weiter kritisiert Birnbacher unter dem Stichwort „Absichtlichkeit versus Unabsichtlichkeit" die Unterscheidung gemäß dem Grade der Gewolltheit. Sein Argument ist allerdings sehr schwach: Birnbacher räumt ein, „dass das, was wir tun, uns stärker zu Bewusstsein kommt als das, was wir *nicht tun*."[160] Damit gesteht er bereits zu, dass es wahrscheinlicher ist, eine Unterlassung schuldlos oder fahrlässig zu begehen als ein Tun.[161] Doch Birnbachers Zugeständnis geht noch weiter:

> Bei zahlreichen schädigenden Unterlassungen, die mit Absicht begangen werden, werden die Schäden, auch wenn sie erwartet werden, nicht als solche beabsichtigt, sondern lediglich in Kauf genommen. Nicht jedem, der etwas in dem Wissen unterlässt, dass sein Unterlassen bestimmte negativ bewertete Ereignisse und Zustände zur Folge hat, kann man die Absicht unterstellen, diese Folgen herbeiführen zu wollen. Man wird von ihm ledig-

---

[160] ibid., 148.

[161] Birnbachers berechtigter Kritik an Mezger, dass nicht jede Fahrlässigkeit ein Unterlassen (nämlich der notwendigen Sorgfaltspflicht) ist, soll damit aber nicht widersprochen werden. (Vgl. ibid., 148 – 149.)

lich sagen können, dass er die erwarteten Folgen in Verfolgung anderer Zwecke als Nebenfolgen in Kauf nimmt.[162]

Die eigentlich notwendige Konsequenz, dass die Unterscheidung von Tun und Unterlassen damit gerechtfertigt wäre, lehnt Birnbacher wiederum mit zwei Argumenten ab. Zum einen weist er darauf hin, dass viele Folgen auch eines Tuns bloß wissentlich hervorgerufen werden, aber nicht beabsichtigt werden. Dieses ist jedoch von der hier vorgestellten Theorie nicht bestritten worden. Das Argument aus Abschnitt 4.2 hat gezeigt, dass es plausibel ist anzunehmen, dass Handlungen öfter als Unterlassungen auf Grund ihrer bekannten Folgen ausgewählt werden. Es handelt sich aber hierbei nicht um eine notwendige Verknüpfung, sondern um eine bloß statistische Korrelation. Unterlassungen werden im Allgemeinen mit einem geringeren Grad der Absichtlichkeit begangen als Handlungen. Daher widerlegt Birnbachers Argument, dass auch manche Handlungen nicht beabsichtigte Folgen haben, die hier vorgestellte These in keiner Weise.

Auch Birnbacher selbst scheint diesem Argument nicht zu trauen, und so fügt er zwei Absätze später ein weiteres Argument hinzu: Die Unterscheidung zwischen absichtlich herbeigeführten und lediglich vorhergesehenen Folgen sei nicht ausreichend relevant, um die Unterscheidung von Tun und Unterlassen zu rechtfertigen.

> Im Allgemeinen macht es für die moralische Beurteilung [...] keinen erheblichen Unterschied, ob eine schlechte Folge nur erwartet oder auch beabsichtigt wird. [...] Auch das geltende Strafrecht legt der Absicht – außer in besonderen Fällen wie beim Betrug oder Mord – keine besondere Bedeutung bei.[163]

Diese Feststellung ist nur teilweise zutreffend. Es ist zwar richtig, dass die meisten Strafrechtsparagraphen nur ein vorsätzliches Handeln fordern und zwischen dem absichtlichen und dem „nur" wissentlichen Handeln nicht unterscheiden. Dies betrifft aber lediglich die Subsumtion unter die Straftatbestände. Bei der Festsetzung des Strafmaßes ist es hingegen durchaus relevant, ob der Angeklagte die Folgen seiner Tat nur vorhergesehen oder tatsächlich beabsichtigt hat.

Dennoch erscheint Birnbachers Feststellung nicht völlig unberechtigt, dass die Tatsache, dass „eine bestimmte Wirkung sich als Nebenfolge aus einer

---

[162] D. Birnbacher, *Tun und Unterlassen*, 151.

[163] ibid., 154.

Handlung ergibt, [...] den Handelnden nicht von der Verantwortung für die Nebenfolge [entlastet]."[164] Die Unterscheidung zwischen Absichtlichkeit und Wissentlichkeit werde überschätzt und mache keinen „so radikalen Unterschied"[165] für die Beurteilung aus.

Diese Feststellung ist sicher richtig. Der Unterschied zwischen Absichtlichkeit und Wissentlichkeit wird tatsächlich oft überschätzt und zu Unrecht für die ethische Rechtfertigung von Handlungen herangezogen, die diese Unterscheidung nicht leisten kann. Aber sogar Birnbacher selbst räumt ein, dass der Grad der Gewolltheit, obwohl dessen Wichtigkeit überschätzt werde, eine moralisch relevante Kategorie sei. Insofern widerlegt sein Argument die vorgebrachte These nicht, wenn man bereit ist einzuräumen, dass auch der normative Unterschied von Tun und Unterlassen „so radikal" nicht ist.

4.5 Die Unterscheidung von Tun und Unterlassen in der ethischen Diskussion: aktive und passive Sterbehilfe

Das Beispiel Sterbehilfe ist in der angewandten Ethik eines der Standard-Beispiele für die Anwendung der Unterscheidung zwischen Tun und Unterlassen. Auch außerhalb der Philosophie ist die Unterscheidung zwischen passiver Sterbehilfe – dem Vorenthalten lebensverlängernder Maßnahmen – und der aktiven Sterbehilfe – der Tötung des Patienten durch ein Medikament – bekannt.

Die passive Sterbehilfe wird sowohl in der Philosophie als auch in der öffentlichen Diskussion als ein legitimes (oder gar gebotenes) Mittel zur Vermeidung weiteren Leids für den Patienten gesehen. Die Uneinigkeit besteht hauptsächlich in der Frage, wo die Grenze zwischen noch zumutbaren Leiden und unerträglichen Leiden zu ziehen und wie mit Patienten zu verfahren ist, die nicht mehr autonom über ihren Lebenswunsch entscheiden können oder nicht mehr in der Lage sind, das Ergebnis dieser Entscheidung mitzuteilen.

Die aktive Sterbehilfe wird hingegen weitgehend abgelehnt. So beruft die Ärzteschaft sich in dieser Frage nahezu dogmatisch auf den Hippokratischen Eid, der die Ärzte dazu verpflichtet, „niemandem, nicht einmal auf ausdrückliches Verlangen, ein tödliches Medikament [zu] geben und [...]

---

[164] ibid., 154.
[165] ibid., 154

auch keinen entsprechenden Rat zu erteilen."[166] Auch die nationalen Gesetzgeber schrecken bisher vor der Einführung der aktiven Sterbehilfe zurück. Die Niederlande sind bis jetzt das einzige Land der Welt, in dem die aktive Tötung durch einen Arzt legal ist. Eine Klage einer Engländerin auf ein Anrecht auf straffreie Tötung durch ihren Ehemann hat der Europäische Gerichtshof für Menschenrechte 2002 abgelehnt[167], so dass es zum gegenwärtigen Zeitpunkt unwahrscheinlich ist, dass andere europäische Länder dem niederländischen Beispiel folgen werden. Trotz einer fast 30 Jahre andauernden Diskussion ist ein gesellschaftlicher Konsens nicht abzusehen.

Daran mögen missverständliche Äußerungen einiger Philosophen – beispielsweise Peter Singers[168] – eine gewisse Mitschuld tragen. So wird in der öffentlichen Diskussion immer wieder die aktive Sterbehilfe mit den Euthanasieprogrammen des Nationalsozialismus verglichen. Auch werden Ängste geschürt, Ärzte könnten willkürlich Patienten „hinrichten" oder der Kostendruck im Gesundheitssystem könne dazu führen, dass Ärzte durch die Vorspiegelung falscher Tatsachen die Patienten aus ökonomischen Motiven zur Inanspruchnahme von Sterbehilfe überreden würden.

Auch wenn diese Befürchtungen sicher maßlos übertrieben sind, kann man nicht bestreiten, dass es ein Problem bei der Abgrenzung der Kriterien, die die aktive Sterbehilfe rechtfertigen sollen, zumindest geben kann: Dieses Argument ist als das Argument der schiefen Ebene (*slippery slope*) bekannt. Wenn man erst einmal bereit ist, die Tötung eines Menschen zur Befreiung von unerträglichem Leiden zu erlauben, dann könnte die Anwendung der Sterbehilfe auf andere Indikationen ausgedehnt werden und schließlich nicht mehr kontrollierbar sein.

Dieses Argument ist problematisch, denn es wendet sich nicht gegen die Sache selbst, sondern gegen mögliche unerwünschte Ausweitungen, ob-

---

[166] Der Hippokratische Eid, übers. V. Axel W. Bauer, http://www.uni-heidelberg.de/institute/fak5/igm/g47/bauerhip.htm, 21. Januar 2004.
Die Berufung auf den Hippokratischen Eid zur Rechtfertigung des Sterbehilfeverbots ist fragwürdig, denn an gleicher Stelle werden Abtreibungen genauso kategorisch verboten, obwohl diese bei medizinischer Indikation unter den Ärzten nicht umstritten sind.
[167] Vgl. *Pretty vs. United Kingdom*, Europäischer Gerichtshof für Menschenrechte, Az. 2346/02, 29. April 2002.
[168] Einen Überblick über den Konflikt zwischen Behindertengruppen einerseits und dem Philosophen Peter Singer gibt Singer selbst in einem Anhang zu seinem Buch *Practical Ethics*. (Peter Singer, *Practical Ethics* (Cambridge: Cambridge University Press, 1993).)

wohl unklar ist, ob diese tatsächlich eintreten oder ob sie nicht durch eine rigide Gesetzgebung doch im Zaum gehalten werden können.

Um all diesen Einwänden aus dem Weg zu gehen, empfiehlt es sich, die Betrachtung auf solche Fälle zu beschränken, in denen die Umstände möglichst eindeutig für die Sterbehilfe sprechen. Die wichtigste Bedingung ist, dass der Patient den Willen zu sterben selbstständig und freiwillig bei klarem Bewusstsein geäußert haben muss und dieser Wunsch andauernd und wohlüberlegt ist. Aber es kommen zu dieser Bedingung weitere hinzu: So muss der Patient tatsächlich an einer unheilbaren Erkrankung leiden; die Heilungsaussichten werden von den Ärzten korrekt diagnostiziert; es bestehen keine Behandlungsalternativen zur Vermeidung der Leiden, und der Patient wurde korrekt und neutral über seine Diagnose informiert. Es handelt sich also ausschließlich um Fälle von freiwilliger Sterbehilfe in Peter Singers Terminologie.[169] Außen vor bleiben Fälle von unfreiwilliger Sterbehilfe, in denen der Patient die Zustimmung zu seiner Tötung nicht gegeben hat oder nicht gefragt wurde, obwohl er zu einer Antwort in der Lage gewesen wäre, und „nicht-freiwilliger" Sterbehilfe, in denen der Patient auf Grund seines Zustandes nicht mehr in der Lage ist, die Frage zu verstehen oder seine Meinung zu äußern.

Doch selbst wenn alle genannten Bedingungen der freiwilligen Sterbehilfe erfüllt sind, ist nicht jede Tötung schon ein Fall von Sterbehilfe. Wenn der Neffe als zukünftiger Erbe seinen „lebensmüden" und unheilbar erkrankten Onkel, der mehrfach den Wunsch geäußert hat zu sterben, vergiftet, um so möglichst schnell an die Erbschaft zu gelangen, so ist dies keine Sterbehilfe, sondern Mord. Die Summe der Bedingungen ist also nur notwendig für das Vorliegen von Sterbehilfe, aber nicht hinreichend. Damit die Tötung eines Menschen als Sterbehilfe gelten kann, muss noch mindestens eine weitere Bedingung erfüllt sein: Die Tötung muss um des Getöteten willen geschehen, um ihm Leid und Schmerzen zu ersparen. Dies wird in der Definition der Sterbehilfe durch die englische Philosophin Philippa Foot deutlich:

> Let us insist, then, that when we talk about euthanasia we are talking about a death understood as a good or happy event for the one who dies. [...] [I]t is good to have a definition of euthanasia

---

[169] Die oben genannten Bedingungen entsprechen einem verengten Begriff der freiwilligen Sterbehilfe. Singer schließt nicht aus, dass der Todeswunsch auch auf einer Fehldiagnose beruhen kann. (Vgl. Peter Singer, *Practical Ethics*, 176-181.)

which brings under this heading only cases of opting for death for the sake of the one who dies.[170]

Doch selbst unter diesen „günstigen" Umständen bleiben vielen Menschen Bedenken: Sie halten die aktive Tötung eines Menschen durch einen anderen für moralisch nicht gerechtfertigt und auch nicht zu rechtfertigen. An dieser Stelle kommt die Unterscheidung zwischen aktiver und passiver Sterbehilfe ins Spiel. Während die aktive Sterbehilfe als eine Tötung eines anderen Menschen durch die Verabreichung eines Medikaments als verboten gilt, empfinden viele Menschen weniger moralische Bedenken, wenn die Tötung durch das Einstellen lebensverlängernder Maßnahmen verursacht wird.

Als Rechtfertigung für diese unterschiedliche Beurteilung aktiver und passiver Sterbehilfe wird oft auf die Unterscheidung von Tun und Unterlassen zurückgegriffen. Bei der aktiven Sterbehilfe handele es sich um ein Tun, die passive Sterbehilfe sei hingegen eine Unterlassung. Da das Tun in stärkerem Maße verwerflich sei als eine Unterlassung, hat es den Anschein, als sei damit eine Begründung gefunden, warum man die passive Sterbehilfe erlauben und die aktive Sterbehilfe verbieten soll.

Nach der hier dargestellten Analyse des Unterlassungsbegriffs ist diese Argumentation aber aus zweierlei Gründen nicht haltbar. Zum einen wurde deutlich gezeigt, dass die Unterscheidung zwischen Tun und Unterlassen nicht den Unterschied zwischen einer erlaubten und einer verbotenen Handlung ausmachen kann. Die Unterscheidung von Tun und Unterlassen wird erst relevant, nachdem bereits feststeht, dass eine ungerechtfertigte Verletzung der Rechte eines anderen vorliegt. Da auch die passive Sterbehilfe gegen den Rechtsanspruch des Patienten auf lebensverlängernde Maßnahmen verstößt, ist sie verboten und kann nicht mit einem bloßen Verweis auf den Handlungsmodus gerechtfertigt werden.[171]

---

[170] Philippa Foot, „Euthanasia", *Virtues and Vices and other Essays in Moral Philophy* (Oxford: Blackwell, 1978), 34. Foot sieht in alternativen Definitionen die Gefahr, dass unter den Begriff auch die Massentötungen des Dritten Reichs subsumiert werden könnten und der Begriff Euthanasie ohne eine faire Diskussion in Misskredit gebracht wird. Auch Dieter Birnbacher versteht unter Sterbehilfe nur die „Tötung zu Zwecken der Leidensminderung." (Dieter Birnbacher, *Tun und Unterlassen*, 338.)

[171] Es gibt zwei Möglichkeiten, diesem Argument zu entgehen: Zum einen könnte man behaupten, dass der Patient keinen Rechtsanspruch auf medizinische Versorgung hat. Damit wäre allerdings viel mehr erlaubt als nur passive Sterbehilfe: Auch das Abstellen

Der zweite Grund, warum sich die Unterscheidung zwischen aktiver und passiver Sterbehilfe nicht durch den normativen Unterschied von Tun und Unterlassen rechtfertigen lässt, ist noch gewichtiger. Die Untersuchung hat gezeigt, dass die Unterscheidung von Tun und Unterlassen nur ein Indikator für den Grad der Vorsätzlichkeit ist, der nur zur Anwendung kommt, wenn keine genaueren Informationen über die Absichten und Motive des Handelnden vorliegen, die eine genauere Bestimmung des tatsächlichen Grades der Vorsätzlichkeit erlauben. Genau solche Informationen liegen aber sowohl im Fall der aktiven als auch der passiven Sterbehilfe vor. Die Sterbehilfe wurde definiert als eine Tötung – durch ein Tun oder Unterlassen – um des Patienten willen. Um etwa die Tötung von unheilbar kranken Patienten aus ökonomischen Motiven von vornherein auszuschließen, wurde der Begriff der Sterbehilfe auf solche Fälle begrenzt, in denen der Tod als Mittel zur Leidensverkürzung herbeigeführt wird.

Wenn diese Überlegung richtig ist, lässt sich an der unterschiedlichen Bewertung von aktiver und passiver Sterbehilfe nicht festhalten. Der Sterbehelfer, der ein tödliches Mittel verabreicht, will genauso den Tod des Patienten zur Leidensverkürzung wie derjenige, der eine lebenserhaltende Maßnahme (wie die künstliche Beatmung) nicht fortsetzt. In beiden Fällen handelt es sich um einen *dolus directus* 1. Grades – die Folgen der Handlung sind als Mittel zur Beendigung des Leidens gewollt.[172] Da der Grad der Vorsätzlichkeit gleich ist, ist gezeigt, dass die Unterscheidung zwischen Tun und Unterlassen in diesem Fall nicht relevant ist. Daher lässt sich die

---

der medizinischen Geräte aus rein ökonomischen Motiven wäre dann zulässig, weil eine Rechtsverletzung nicht mehr vorläge.

Die andere Möglichkeit bestünde darin, dem Patienten ein Entscheidungsrecht zuzusprechen, auf lebenserhaltende Maßnahmen zu verzichten, auch wenn dies sein Leben verkürzen wird. Diese Annahme scheint plausibel; allerdings stellt sich dann die Frage, warum man die autonome Entscheidungsfreiheit des Patienten nicht so weit ausdehnen will, dass er auch den Zeitpunkt seines Todes durch aktive Sterbehilfe bestimmen kann.

[172] Es kann natürlich eingewandt werden, dass die Unterlassungshandlung – wie etwa das Einstellen der künstlichen Beatmung – mit einer geringeren Wahrscheinlichkeit zum Tode des Patienten führen wird und die Erwartungshaltungen hinsichtlich des Folgeneintritts unterschiedlich sind. Bei der passiven Sterbehilfe könnte der Patient etwa auch ohne die Lungenmaschine atmen; dass er die Injektion eines tödlichen Giftes überlebt, ist hingegen sehr unwahrscheinlich. Angesichts der relativ genauen Vorhersagen, die Mediziner heute über die Heilungs- und Überlebenschancen von Patienten machen können, ist dies jedoch eher ein Scheinargument.

normative Unterscheidung zwischen aktiver und passiver Sterbehilfe nicht durch den Rückgriff auf Tun und Unterlassen rechtfertigen.

Auch wenn dieses Ergebnis eindeutig aus der hier vertretenen Explikation des normativen Unterschieds zwischen Tun und Unterlassen folgt, ist es doch unbefriedigend. Es scheint kontraintuitiv, dass es zwischen aktiver und passiver Sterbehilfe keinen normativen Unterschied geben soll. Man könnte daher behaupten, dass durch dieses Beispiel nicht die normative Unterscheidung zwischen aktiver und passiver Sterbehilfe falsifiziert werde, sondern das Unterscheidungskriterium von Tun und Unterlassen. Wenn man in der Tat nur die Unterscheidung zwischen aktiver und passiver Sterbehilfe betrachtet, scheint dieser Einwand berechtigt. Es gibt jedoch noch einen dritten Fall von Sterbehilfe, in dem das hier vorgestellte Kriterium seine Stärke zeigen kann, so dass es durchaus gute Gründe gibt, an ihm festzuhalten.

Dieser dritte Fall betrifft Patienten, die unheilbar erkrankt sind und unter starken Schmerzen leiden. Durch Fortschritte in der Schmerztherapie in den letzten Jahren kann diesen Patienten oft geholfen werden. Die verabreichten Schmerzmittel haben jedoch erhebliche Nebenwirkungen: Sie schränken die Funktionsfähigkeit des vegetativen Nervensystems ein, so dass sich die Lebenserwartung des Patienten erheblich verkürzt.[173] Die Schmerzmittel verursachen also den vorzeitigen Tod des Patienten. Die meisten Menschen halten die Verwendung dieser Schmerzmittel dennoch für erlaubt, und auch viele Ärzte erheben keine Einwände, obwohl diese Vorgehensweise nicht mit dem Wortlaut des Eides des Hippokrates zu vereinbaren ist, „niemandem [...] ein tödliches Medikament zu geben."

Die Zustimmung zum Einsatz eines solchen Medikaments ist – obwohl sie intuitiv plausibel scheinen mag – erklärungsbedürftig. Es scheint, dass viele Menschen bei der Beurteilung das Interesse des Arztes, Schmerzen zu lindern, in den Vordergrund stellen und dabei gleichzeitig ausblenden, dass der Arzt dem Patienten ein tödliches Mittel verabreicht, also eine Tötungshandlung begeht. Korrekterweise müsste man also auch hier von einer Form der aktiven Sterbehilfe sprechen.

---

[173] Patrick Norris, „Palliative Care and Killing: Understanding Ethical Distinctions, *Bioethics Forum*, Fall 97, 13 (3), 25 – 30. Norris unterscheidet zwischen der Verabreichung von Morphinen an unheilbar Kranke und der aktiven Sterbehilfe auf Grundlage des Doppelten Effekts.

Doch es gibt einen wichtigen Aspekt, unter dem sich die aktive Sterbehilfe und die Verabreichung der Schmerzmittel unterscheiden. Sterbehilfe war als die Tötung eines Menschen um seiner selbst willen definiert worden, d.h. um ihn von seinen Leiden zu erlösen. Im Fall der Verabreichung von Schmerzmitteln wird die Tötung nicht um des Patienten willen vorgenommen; der Tod ist zwar eine vom Arzt vorhergesehene Nebenfolge, aber er ist nicht Mittel oder Zweck der Handlung. Dennoch handelt es sich um eine vorsätzliche Tötungshandlung: Da die Todesfolgen vorhergesehen werden, handelt es sich juristisch um einen *dolus directus* 2. Grades. Wieso kann man in diesem Fall die vorsätzliche Tötung eines Patienten durch einen Arzt für legitim halten, wenn man die aktive Sterbehilfe für unzulässig hält?

Die Antwort liegt scheinbar auf der Hand: Beide Handlungen sind zwar vorsätzliche Tötungshandlungen, aber sie unterscheiden sich in ihrem Grad der Vorsätzlichkeit. Die aktive Sterbehilfe setzt den Tod des Patienten als Mittel zur Schmerzvermeidung ein. Im Fall des Einsatzes von tödlichen Schmerzmitteln ist die vorzeitige Herbeiführung des Todes zwar ebenfalls voraussehbar, aber in keiner Weise beabsichtigt. Mittels des Doppelten Effekts ließe sich sehr leicht erklären, warum wir die beiden Fälle so unterschiedlich beurteilen: Die beabsichtigte Tötung eines Patienten ist immer verboten, aber es kann legitim sein, den Tod eines Patienten zu verursachen, wenn er nicht intendiert ist.

Doch im vorherigen Abschnitt wurde bereits gezeigt, dass die Theorie des Doppelten Effekts in dieser Form nicht haltbar ist. Die Unterscheidung zwischen absichtlich herbeigeführten Folgen und lediglich vorhergesehenen Folgen spielt zwar bei der Festlegung des Strafmaßes bzw. anderer geeigneter Sanktionsmaßnahmen eine Rolle. Das Kriterium ist aber ungeeignet, um darüber zu entscheiden, ob eine Handlung zulässig ist oder nicht. Wenn eine Handlung ungerechtfertigt gegen eine Norm verstößt, dann ist sie unabhängig von der Intention, mit der sie begangen wurde, verboten. Würde der Grad der Vorsätzlichkeit bereits bei der Beurteilung der Zulässigkeit einer Handlung eine Rolle spielen, dann dürften auch die fahrlässige Tötung oder die Tötung durch eine besonders risikobehaftete Handlung nicht mehr verboten sein, denn der Grad der Vorsätzlichkeit ist hier noch geringer ist als bei vorhergesehenen schädlichen Nebenfolgen.[174] Auch

---

[174] Es gibt natürlich eine Vielzahl von Normen, die einen bestimmten Vorsätzlichkeitsgrad voraussetzen. So ist etwa Lügen nicht das bloße Erzählen einer Unwahrheit, son-

113

wenn das Kriterium der Vorsätzlichkeit also zeigen kann, warum wir das Verhalten des Arztes im Falle der Verabreichung tödlicher Schmerzmittel weniger streng verurteilen als im Fall der aktiven Sterbehilfe, kann es die Straffreiheit nicht rechtfertigen.

Die Erkenntnis aus diesem Abschnitt ist daher eine andere: Weder der Modus einer Handlung – ob sie in einem Tun oder einer Unterlassung besteht – noch ihr Grad der Vorsätzlichkeit kann eine Handlung rechtfertigen, die normalerweise verboten ist. Damit fällt der scheinbar relevante Unterschied weg, der rechtfertigen sollte, warum die passive Sterbehilfe und das Verabreichen der lebensverkürzenden Schmerzmittel erlaubt und die aktive Sterbehilfe verboten sein soll. Da sich die Handlungen (scheinbar) nur hinsichtlich des Handlungsmodus und der Vorsätzlichkeit unterscheiden, ist nicht nachzuvollziehen, warum einige dieser Handlungen erlaubt sein sollen, andere hingegen nicht.

Man muss sich aber über die begrenzte Reichweite dieses Arguments im Klaren sein. Auch wenn es so scheinen mag, als würde es für die Einführung der aktiven Sterbehilfe plädieren, ist dies keineswegs der Fall. Es zeigt lediglich, dass es nicht möglich ist, die passive Sterbehilfe für zulässig zu halten, weil sie „nur" ein Unterlassen ist, und es ist genauso wenig möglich, den Einsatz der lebensverkürzenden Medikamente mit dem Verweis auf den geringeren Tötungsvorsatz für legitim zu erklären. Die Frage, ob und welche Formen der Sterbehilfe erlaubt seien, ist damit in keiner Weise geklärt. Es ist weiterhin möglich, an einem generellen Verbot der Sterbehilfe oder einiger Formen der Sterbehilfe festzuhalten. Die Einführung der einen oder anderen Form von Sterbehilfe kann eine Vielzahl unerwünschter Nebenfolgen haben, die, nachdem wir die schräge Ebene durch die Einführung der Sterbehilfe erst einmal beschritten haben, nicht mehr zu verhindern sind. Genauso mag es viele andere „verborgene Parameter"[175] geben, die in der Lage sind, eine unterschiedliche Bewertung von aktiver und passiver Sterbehilfe zu rechtfertigen.

Bis jetzt wurde nur gezeigt, dass es an einer Stelle unserer „Alltagsmoral" eine Inkonsistenz gibt, ohne einen Vorschlag zu machen, wie diese zu beseitigen sei. Die obige Argumentation ist daher auch nicht als eine Stellungnahme zur momentanen Diskussion der Sterbehilfe zu verstehen. Sie

---

dern setzt die Absicht des Lügners voraus, dass sein Gegenüber ihm diese Lüge glauben soll.
[175] Dieter Birnbacher,, *Tun und Unterlassen*, 129.

ist vielmehr als eine Kritik an der allzu rekonstruktivistischen Herangehensweise in der angewandten Ethik zu sehen. Eine möglichst genaue Nachbildung der vorgefundenen intuitiven Überzeugungen kann nicht das Ziel der praktischen Philosophie sein. Ethische Probleme wie das der Sterbehilfe müssen daher als das begriffen werden, was sie eigentlich sind: Als eine *normative* Frage – eine Frage nach den Regeln, unter denen menschliches Zusammenleben stattfinden soll.

5 Fazit

Das Fazit der Untersuchung fällt zweigeteilt aus: Auf der einen Seite sind Unterlassungen den aktiven Handlungen weitgehend gleichgestellt. Folgt man der hier vorgeschlagenen Definition des Unterlassungsbegriffs, der Unterlassungen als Verstöße gegen Gebote definiert, so sind die Übereinstimmungen zwischen Tun und Unterlassen sehr weitreichend. Denn Unterlassungen lassen sich mittels der Normzwecktheorie genauso Folgen zuordnen wie einem Tun; es zeigen sich die gleichen Schwierigkeiten bei der zeitlichen Abgrenzung und Einordnung wie bei einem Tun, und es gelten ähnliche Rechtfertigungsbedingungen für das straflose Begehen einer Unterlassung wie auch eines Tuns.

Trotz aller dieser Ähnlichkeiten gibt es einen normativ relevanten Unterschied. Dieser Unterschied besteht allerdings nicht in der qualitativen Unterscheidung von Tun und Unterlassen an sich. Er ist vielmehr ein Unterschied im angenommenen Grad der Vorsätzlichkeit. Eine Strafminderung bzw. andere normative Bewertung kann daher den Unterlassungen allenfalls *prima facie* zukommen, bis die Absichten und Motive des Handelnden geklärt sind. Ein kategorialer Unterschied konnte in dieser Untersuchung nicht festgestellt werden.

Für Philosophen weitaus enttäuschender dürfte aber die Entdeckung sein, dass die Unterscheidung zwischen Tun und Unterlassen nicht über die Erlaubtheit oder das Verbotensein einer Handlung entscheiden kann. Die unterschiedliche normative Bewertung von Tun und Unterlassen spielt nur bei der gerechten Bemessung von Sanktionen gegen Normverstöße eine Rolle. Bei der für die praktische Philosophie eigentlich interessanten Frage, welchen Normen wir folgen sollen, hilft sie uns nicht weiter.

Die Erwartungen, mit denen die Unterscheidung zwischen Tun und Unterlassen in die philosophische Diskussion eingebracht wurde, kann sie also nicht erfüllen. Theorien wie die des Doppelten Effekts oder die Unterscheidung zwischen aktiver und passiver Sterbehilfe sind damit hinfällig. Dennoch ist dieses Ergebnis kein Grund für den praktischen Philosophen zu verzweifeln, denn in der Sache ist noch nichts verloren. Diese Arbeit hat nur zeigen können, dass der Rückgriff auf die Unterscheidung von Tun und Unterlassen nicht ausreicht, um die eine Handlungsweise für gerechtfertigt und die andere für ungerechtfertigt zu halten. Ob und wie die Vielzahl ethischer Dilemmata, die bisher durch einen Verweis auf den Handlungsmodus gelöst wurden, anderweitig gelöst werden können, bleibt offen.

6 Literaturverzeichnis

Alexy, Robert	*Theorie der Grundrechte* (Frankfurt am Main: Suhrkamp, 1994),
Aristotele(s)	*Nicomachean Ethics*, ed. H. Rackham (London: William Heinemann Ltd., 1968), 117 -147.
Bennet, Jonathan	„Morality and Consequences", *The Tanner Lectures on Human Values II*, ed. Sterling M. McMurrin (Salt Lake City: University of Utah Press, 1981), 48 – 116.
Birnbacher, Dieter	*Tun und Unterlassen* (Stuttgart: Reclam, 1995).
Botros, Sophie	„An Error About the Doctrine of Double Effect", *Philosophy*, 74 (1999), 71 – 83.
v. Caemmerer, Ernst	„Das Problem des Kausalzusammenhanges im Privatrecht", *Gesammelte Schriften*, ed. Hans Leser (Tübingen: Mohr, 1968), I, 395 – 410.
Dworkin, Ronald	*Taking Rights Seriously* (Cambridge, MA: Harvard University Press, 1978)
Erman, Walter	*Handkommentar zum Bürgerlichen Gesetzbuch*, ed. Harm Peter Westermann, 9. bearb. Auflage (Münster: Aschendorff, 1993), I.
Foot, Philippa	„Euthanasia", Virtues and Vices and other Essays in Moral Philosophy (Oxford: Blackwell, 1978), 33 - 61.
	„The Problem of Abortion and the Doctrine of the Double Effect ", ibid., 19 – 32.
Glaser, Julius	*Abhandlungen aus dem österreichischen Strafrechte,* Neudruck der Ausgabe Wien 1858 (Aalen: Scientia Verlag, 1978).
Glover, Jonathan	*Causing Death and Saving Lives* (Harmondsworth, England: Penguin Books, 1977).
Hart, H. L. A.	„Intention and Responsibility", *Punishment and Responsibility* (Oxford: Clarendon, 1970), 113 – 135.

Hart, H. L. A. / Honoré, A. M.	*Causation in the Law* (Oxford: Clarendon Press, 1959).
Hegel, G. W. F.	„Philosophie des Rechts", *Hegels Rechtsphilosophie – Edition Ilting*, ed. Karl-Heinz Ilting (Stuttgart: Fromann-Holzboog, 1949), IV, 75 - 752.
	Philosophie des Rechts, ed. Dieter Henrich (Frankfurt am Main: Suhrkamp, 1983).
Hruschka, Joachim	Strafrecht nach logisch-analytischer Methode (Berlin u. a. : Walter de Gruyter, 1983).
Jakobs, Günther	*Straftrecht, Allgemeiner Teil* (Berlin: Walter de Gruyter & Co., 1991).
Georg Jellinek	System *der subjektiven öffentlichen Rechte* (Aalen: Scientia Verlag, 1964).
Kant, Immanuel	„Grundlegung zur Metaphysik der Sitten", *Kants Werke – Akademie-Textausgabe* (Berlin: Walter de Gruyter & Co, 1968), IV, 387 - 464.
	„Metaphysik der Sitten", ibid., VI, 201 – 493.
	„Über den Gemeinspruch", ibid., VIII, 273 – 314.
Köhler, Michael	*Strafrecht – Allgemeiner Teil* (Berlin, Heidelberg u. a.: Springer, 1997).
Lübbe, Weyma	„Erlaubtes Risiko", *Deutsche Zeitschrift für Philosophie*, 1995, 43 (6), 951 – 963.
Mill, John Stuart	*Utilitarianism*, ed. Roger Crisp (Oxford: Oxford University Press, 1998).
Nozick, Robert	*State Anarchy and Utopia* (Oxford: Basil Blackwell, 1988).
Sachs, Michael	*Kommentar zum GG* (München: Verlag C.H. Beck, 2003).
Schwabe, Jürgen	Probleme der Grundrechtsdogmatik (Darmstadt, 1977)

Singer, Peter	*Practical Ethics* (Cambridge: Cambridge University Press, 1979)
Sourlas, Paul	Adäquanztheorie und Normzwecklehre bei der Begründung der Haftung nach § 823 Abs. 1 BGB (Berlin: Duncker & Humboldt, 1977).
Thomson, Judith Jarvis	*Acts and other Events* (Ithaca, NY u. London: Cornell University Press, 1977).
	„Some Rumination on Rights", *Rights, Restitution and Risks* (Cambrigde, MA: Harvard University Press, 1986), 49 - 65.
	„The Trolley Problem", ibid., 65 – 94.
Timmermann, Jens	„Sollen und Können – ‚Du kannst, denn du sollst' und ‚Sollen impliziert Können' im Vergleich", *Philosophiegeschichte und logische Analyse – Schwerpunkt: Geschichte der Ethik*, ed. Uwe Meixner und Albert Newen (Paderborn: mentis, 2003), 113 – 122.
Traeger, Ludwig	*Der Kasualbegriff im Straf- und Zivilrecht* (Marburg: N. G. Elwert'sche Verlagsbuchahndlung, 1929).
Welzel, Hans	*Das neue Bild des Strafrechtssystems* (Göttingen: Verlag Otto Schwartz & Co., 1961).
Williams, Bernard	„A critique of utilitarianism", *Utilitarianism – for and against*, J. J. C. Smart und Bernard Williams (London und New York, 1973), 77 – 150.
Wright, George	*Logic of Acts* (London: Routledge & Kegan Paul, 1963).

Hyperlink:

Der Hippokratische Eid	http://www.uniheidelberg.de/institute/fak5/igm/g47/bauerhip.htm, übersetzt von Axel W. Bauer , abgerufen am 26. Februar 2007.

RECHTSPHILOSOPHISCHE HEFTE

Herausgegeben von Giuseppe Orsi, Kurt Seelmann, Stefan Smid und Ulrich Steinvorth

Band 1 Giuseppe Orsi/Kurt Seelmann/Stefan Smid/Ulrich Steinvorth (Hrsg.): Recht und Moral. 1992.

Band 2 Giuseppe Orsi/Kurt Seelmann/Stefan Smid/Ulrich Steinvorth (Hrsg.): Gerechtigkeit. 1993.

Band 3 Giuseppe Orsi/Kurt Seelmann/Stefan Smid/Ulrich Steinvorth (Hrsg.): Nation, Nationalstaat, Nationalismus. 1994.

Band 4 Giuseppe Orsi/Kurt Seelmann/Stefan Smid/Ulrich Steinvorth (Hrsg.): Solidarität. 1995.

Band 5 Giuseppe Orsi/Kurt Seelmann/Stefan Smid/Ulrich Steinvorth (Hrsg.): Arbeit - Arbeitslosigkeit. 1996.

Band 6 Giuseppe Orsi/Kurt Seelmann/Stefan Smid/Ulrich Steinvorth (Hrsg.): Prinzipien des Rechts. 1996.

Band 7 Giuseppe Orsi/Kurt Seelmann/Stefan Smid/Ulrich Steinvorth (Hrsg.): Internationale Gerechtigkeit. 1997.

Band 8 Giuseppe Orsi/Kurt Seelmann/Stefan Smid/Ulrich Steinvorth (Hrsg.): Medizin - Recht - Ethik. 1998.

Band 9 Giuseppe Orsi/Kurt Seelmann/Stefan Smid/Ulrich Steinvorth (Hrsg.): Recht und Kulturen. 2000.

Band 10 Giuseppe Orsi / Kurt Seelmann / Stefan Smid / Ulrich Steinvorth (Hrsg.): Nationale Interessen und internationale Politik. 2005.

Band 11 *Leviathan* Between the Wars. Hobbes' Impact on Early Twentieth Century Political Philosophy. Edited by Luc Foisneau, Jean-Christophe Merle and Tom Sorell. 2005.

Ab Band 12 herausgegeben von Paolo Becchi, Giuseppe Orsi, Kurt Seelmann, Stefan Smid und Ulrich Steinvorth

Band 12 Paolo Becchi / Giuseppe Orsi / Kurt Seelmann / Stefan Smid / Ulrich Steinvorth (Hrsg.): Nationen und Gerechtigkeit. 2007.

Rechtsphilosophische Schriften

Herausgegeben von Kurt Seelmann, Stefan Smid, Ulrich Steinvorth

Band 1 Sven Krüger: Der Versuchsbeginn bei mittelbarer Täterschaft. Eine strafrechtlich-rechtsphilosophische Untersuchung. 1994.

Band 2 Ludwig Häsemeyer / Hans-Martin Pawlowski / Friedrich-Wilhelm Siburg: Rechtsprechung heute – Anspruch und Wirklichkeit –. Vorträge der 28. Reinhäuser Juristengespräche 28. – 30. Oktober 1994. 1996.

Band 3 Stefan Smid (Hrsg.): Gerechtigkeit und Rechtsstaat. Deutsche Rechtseinheit und pluralistische Verfassung. 1996.

Band 4 Andreas Müller: Das Verhältnis von rechtlicher Freiheit und sittlicher Autonomie in Kants *Metaphysik der Sitten*. 1996.

Band 5 Henrike Morgenstern: Unterlassene Hilfeleistung, Solidarität und Recht. 1997.

Band 6 Thomas M. Besch: Über John Rawls' politischen Liberalismus. Zur Rolle des Vernünftigen in Rawls' Begründung einer politischen Gerechtigkeitstheorie. 1998.

Band 7 Tilman Rückert: Der intellektuelle Verbrechensschaden bei Carl-Theodor Welcker. 1998.

Band 8 Paolo Becchi/Kurt Seelmann: Gaetano Filangieri und die europäische Aufklärung. 2000.

Band 9 Mi-Won Lim: Der Begriff der Autonomie und des Menschrechts bei Kant. Zur Möglichkeit des Menschenrechts auf sittliche Autonomie bei Kant. 2002.

Band 10 Gesine Röhrig: Arbeitslosigkeit und Gerechtigkeit. Zur Begründung eines Rechts auf Arbeit. 2003.

Band 11 Yunho Seo: Rechtsontologie und Hegels Rechtsbegriff. Zur Rekonstruktion der Rechtsontologie im Hegelschen Rechtsverständnis als Anerkennung. 2004.

Band 12 Claudia Rahm: Recht und Demokratie bei Jürgen Habermas und Ronald Dworkin. 2005.

Band 13 Annika Wernecke: Rechtsphilosophische Probleme der weltweiten Durchsetzung von Menschenrechten. Eine Untersuchung zu I. Kant, J. Rawls und J. Habermas. 2005.

Band 14 Marc Sörensen: Krankheit und Gerechtigkeit. 2006.

Band 15 Anika Pohla: Medienethik. Eine kritische Orientierung. 2006.

Band 16 Felix H. Hoßfeld: Tun und Unterlassen. Zur normativen Unterscheidung auf der Grundlage einer rechtebasierten Ethik. 2007.

www.peterlang.de